争做"五个模范"

新时代中国青年成长成才的时代指南

任初轩 编

人民日报出版社

北京

图书在版编目（CIP）数据

争做"五个模范"：新时代中国青年成长成才的时代指南 / 任初轩编. — 北京：人民日报出版社，2022.9
ISBN 978-7-5115-6754-3

Ⅰ.①争… Ⅱ.①任… Ⅲ.①青年－人才成长－中国－指南 Ⅳ.①C961-62

中国版本图书馆CIP数据核字（2022）第166211号

书　　　名：	争做"五个模范"：新时代中国青年成长成才的时代指南
	ZHENGZUO "WUGE MOFAN"：XINSHIDAI ZHONGGUO QINGNIAN CHENGZHANG CHENGCAI DE SHIDAI ZHINAN
编　　　者：	任初轩
出 版 人：	刘华新
策 划 人：	欧阳辉
责任编辑：	曹　腾　杨　校
版式设计：	九章文化
出版发行：	人民日报出版社
社　　　址：	北京金台西路2号
邮政编码：	100733
发行热线：	（010）65369527　65369512　65369509
邮购热线：	（010）65369530　65363527
编辑热线：	（010）65369523
网　　　址：	www.peopledailypress.com
经　　　销：	新华书店
印　　　刷：	大厂回族自治县彩虹印刷有限公司
法律顾问：	北京科宇律师事务所　010-83622312
开　　　本：	710mm×1000mm　1/16
字　　　数：	165千字
印　　　张：	13.5
版次印次：	2022年10月第1版　2023年10月第2次印刷
书　　　号：	ISBN 978-7-5115-6754-3
定　　　价：	48.00元

"人生万事须自为，跬步江山即寥廓。"追求进步，是青年最宝贵的特质，也是党和人民最殷切的希望。新时代的广大共青团员，要做理想远大、信念坚定的模范，带头学习马克思主义理论，树立共产主义远大理想和中国特色社会主义共同理想，自觉践行社会主义核心价值观，大力弘扬爱国主义精神；要做刻苦学习、锐意创新的模范，带头立足岗位、苦练本领、创先争优，努力成为行业骨干、青年先锋；要做敢于斗争、善于斗争的模范，带头迎难而上、攻坚克难，做到不信邪、不怕鬼、骨头硬；要做艰苦奋斗、无私奉献的模范，带头站稳人民立场，脚踏实地、求真务实，吃苦在前、享受在后，甘于做一颗永不生锈的螺丝钉；要做崇德向善、严守纪律的模范，带头明大德、守公德、严私德，严格遵纪守法，严格履行团员义务。广大共青团员要认真接受政治训练、加强政治锻造、追求政治进步，积极向党组织靠拢，以成长为一名合格的共产党员为目标、为光荣。

——习近平总书记在庆祝中国共产主义青年团成立100周年大会上的讲话

"实现中国梦是一场历史接力赛,当代青年要在实现民族复兴的赛道上奋勇争先。"

习近平总书记在庆祝中国共产主义青年团成立100周年大会上指出,新时代的广大青年,要做理想远大、信念坚定的模范,要做刻苦学习、锐意创新的模范,要做敢于斗争、善于斗争的模范,要做艰苦奋斗、无私奉献的模范,要做崇德向善、严守纪律的模范。"五个模范"的标准和要求,饱含着习近平总书记对青年一代的殷切期望,为新时代中国青年的成长成才指明了方向。新时代的中国青年当以昂扬的姿态、自信的步伐,行进在中国特色社会主义道路上,为中国特色社会主义伟大建设注入磅礴的青春力量。

新时代中国青年当争做理想远大、信念坚定的模范。"少年负壮气,奋烈自有时。"中国共产党以"共产主义"为名,就是将我们党的最高纲领底气十足地宣告世界。广大中国青年当引以为傲,将实现共产主义理想当作自己的毕生目标,带头学习马克思主义理论,树立共产主义远大理想和中国特色社会主义共同理想,自觉践行社会主义核心价值观,大力弘扬爱国主义精神。新时代的中国青年更加开放通达、更善于以辩证的眼光看待事物,同时面临各种社会思潮的影响,不可避免会在理想和现实、利己和利他、小我和大我等方面遇到思想困惑，更加需要用宽广的视野看清未来、以坚定的信念稳步前进。新时代的中国青年要认真接受政治训练、加强政治锻造、追求政治进步，积极向党组织靠拢，以成长为一名青年模范为目标、为光荣。

新时代中国青年当争做刻苦学习、锐意创新的模范。党的十九届六中全会通过的《中共中央关于党的百年奋斗重大成就和历史经验的决议》指出，"创新是一个国家、一个民族发展进步的不竭动力。越是伟大的事业，越充满艰难险阻，越需要艰苦奋斗，越需要开拓创新"。当前，世界全球化的进程不断推进，中国特色社会主义进入新时代，正是新时代中国青年把握机遇、迎接挑战、大有作为的大好时期。新时代中国青年要把握好成长成才的机遇期，带头立足岗位、苦练本领、创先争优，努力成为行业骨干、青年先锋；以真才实学服务人民，以创新创造贡献国家，在不断开拓创新中锻炼自我，在不断学习中走向未来。

新时代中国青年当争做敢于斗争、善于斗争的模范。"为有牺牲多壮志，敢教日月换新天。"中国青年从那时起，就不畏惧一切风险挑战。当今世界局势动荡不安、波谲云诡，如果中国青年在重大风险、强大对手面前，总想"躲进小楼成一统"是不切实际的，得"软骨病"、患"恐惧症"是无济于事的。"善战者，立于不败之地，而不失敌之败也。"唯有主动迎战、坚决斗争才有生路出路，才能赢得尊严、求得发展。青年勇挑重担、勇克难关、勇斗风险，中国特色社会主义就能充满活力、充满后劲、充满希望。新时代的中国青年要保持初生牛犊不怕虎、越是艰险越向前的刚健勇毅，带头迎难而上、攻坚克难，做到不信邪、不怕鬼、骨头硬，不断增强做中国人的志气、骨气、底气。

新时代中国青年当争做艰苦奋斗、无私奉献的模范。习近平总书记指出:"无数人生成功的事实表明,青年时代,选择吃苦也就选择了收获,选择奉献也就选择了高尚。"没有一代代中国青年砥砺前行、踔厉奋发的英勇作为,就没有中华人民共和国的今天,更不可能有中国式现代化的明天。理想的树立需要信念与信仰,实现理想则需要奋斗和奉献。要成为中国特色社会主义共同理想和共产主义远大梦想的实现者,新时代的中国青年要带头站稳人民立场,树立为祖国为人民永久奋斗、赤诚奉献的坚定志向,脚踏实地、求真务实,吃苦在前、享受在后,甘于做一颗永不生锈的螺丝钉,让青春在为祖国、为人民、为民族的奋斗和奉献中焕发绚丽光彩。

新时代中国青年当争做崇德向善、严守纪律的模范。道德之于个人、之于社会,都具有基础性意义,做人做事第一位的是崇德修身。德行天下,乃国兴业昌之基。《新时代公民道德建设实施纲要》着眼坚持以社会主义核心价值观引领道德建设,提出了"引导人们明大德、守公德、严私德"的明确要求。新时代中国青年成长成才,就要崇尚对党忠诚的大德、崇尚造福人民的公德、崇尚严于律己的私德,以崇德修为、立德正身的高度自觉,努力做弘扬社会主义核心价值观的表率,用良好道德风范书写精彩青春。新时代的中国青年要带头明大德、守公德、严私德,严格遵纪守法,严格履行团员义务,用勤劳的双手和诚实的劳动创造美好生活,矢志追求更有高度、更有境界、更有品位的人生。

新时代的中国青年当抱定有所为、大有可为的目标,以生逢其时、重任在肩的自觉,对标对表"五个模范"的标准和要求,努力成为可堪大用、能担重任的栋梁之才,在实现中华民族伟大复兴的赛道上奋勇争先!

新时代青年当争做"五个模范"

当代青年要在实现民族复兴的赛道上奋勇争先..................3

"五个模范、五个带头":新时代中国青年成长成才的行动指南..........6

一、新时代青年当争做理想远大、信念坚定的模范

矢志践行初心使命让我们党永远年轻..................16

点亮青年心中的理想之灯..................21

学习马克思 奋进新时代 争做坚定有为的青年马克思主义者...........25

新时代对党忠诚的实践要求..................35

二、新时代青年当争做刻苦学习、锐意创新的模范

越是伟大的事业越需要开拓创新……52

中国青年是实现中华民族伟大复兴的先锋力量……59

实干兴邦　匠心铸就辉煌……64

以伟大建党精神激励青年学生争做时代先锋……70

中国共产党人必然要依靠学习走向未来……75

三、新时代青年当争做敢于斗争、善于斗争的模范

坚持敢于斗争　勇于自我革命……96

依靠顽强斗争打开事业发展新天地……103

新时代中国共产党斗争精神的内涵……109

准确把握新时代"坚持敢于斗争"……114

目 录

四、新时代青年当争做艰苦奋斗、无私奉献的模范

新时代青年如何理解和把握伟大奋斗精神……………………132

青春由磨砺而出彩　人生因奋斗而升华…………………………136

最根本的是要把我们自己的事情做好……………………………143

始终坚持人民至上的价值追求……………………………………150

始终坚持人民至上的政治立场……………………………………155

五、新时代青年当争做崇德向善、严守纪律的模范

加强新时代公民道德建设　培养担当民族复兴大任的时代新人……170

打好堪当民族复兴重任时代新人的"底色"………………………175

从百年党史中汲取道德力量………………………………………181

崇尚共产党人的大德公德私德……………………………………186

青年干部成长应把握"七倡七戒"…………………………………195

新时代青年当争做"五个模范"

- 当代青年要在实现民族复兴的赛道上奋勇争先
- "五个模范、五个带头":新时代中国青年成长成才的行动指南

当代青年要在实现民族复兴的赛道上奋勇争先

人民日报评论部

"实现中国梦是一场历史接力赛，当代青年要在实现民族复兴的赛道上奋勇争先。"在庆祝中国共产主义青年团成立100周年大会上，习近平总书记指出"新时代的中国青年，生逢其时、重任在肩，施展才干的舞台无比广阔，实现梦想的前景无比光明"，强调："党和国家的希望寄托在青年身上！"

时代总是把历史责任赋予青年。五四运动以来，中国青年满怀对祖国和人民的赤子之心，积极投身党领导的革命、建设、改革伟大事业，为人民战斗、为祖国献身、为幸福生活奋斗，把最美好的青春献给祖国和人民，谱写了中华民族伟大复兴进程中激昂的青春乐章。特别是广大团员青年，以爱党、爱国、爱人民的赤诚追求，以坚定不移听党话、跟党走的忠贞初心，在民族复兴征程上勇当先锋、倾情奉献，发挥生力军和突击队作用，为中国革命胜利，为祖国建设，为改革开放和社会主义现代化建设，为党和国家事业取得历史性成就、发生历史性变革贡献了青春、建立了重要功勋，使实现民族复兴成为中国青年运动一以贯之的恢弘主流。实践充分证明，中国青年是有远大理想抱负的青年，是有深厚家国情怀的青年，是有伟大创造力的青年。无论过去、现在还是未来，中国青年始终是实现中华民族伟大复兴的先锋力量。

每一代青年都有自己的际遇和机缘，都要在自己所处的时代条件下谋划人生、创造历史。当代中国青年是与新时代同向同行、共同前进的一代，生逢盛世，肩负重任。今天，我们胜利实现了第一个百年奋斗目标，踏上了全面建设社会主义现代化国家、向第二个百年奋斗目标进军的新征程，实现中华民族伟大复兴进入了不可逆转的历史进程。一切伟大成就都是接续奋斗的结果，一切伟大事业都需要在继往开来中推进。新时代中国青年运动的主题，新时代中国青年运动的方向，新时代中国青年的使命，就是坚持中国共产党领导，同人民一道，为实现第二个百年奋斗目标、实现中华民族伟大复兴的中国梦而奋斗。处在中华民族发展的最好时期，拥有更优越的发展环境、更广阔的成长空间，迎来实现抱负、施展才华的难得机遇，广大青年要牢记党的教诲，立志民族复兴，不负韶华，不负时代，不负人民，让青春在为祖国、为民族、为人民、为人类的不懈奋斗中绽放绚丽之花。

"人生万事须自为，跬步江山即寥廓。"习近平总书记指出："追求进步，是青年最宝贵的特质，也是党和人民最殷切的希望。"新的伟大征程上，广大青年要肩负历史使命，坚定前进信心，立大志、明大德、成大才、担大任，在实现中华民族伟大复兴的时代洪流中踔厉奋发、勇毅前进。要用脚步丈量祖国大地，用眼睛发现中国精神，用耳朵倾听人民呼声，用内心感应时代脉搏，把对祖国血浓于水、与人民同呼吸共命运的情感贯穿学业全过程、融汇在事业追求中，争做堪当民族复兴重任的时代新人，在劈波斩浪中开拓前进，在披荆斩棘中开辟天地，在攻坚克难中创造业绩。新时代的广大共青团员，要做理想远大、信念坚定的模范，做刻苦学习、锐意创新的模范，做敢于斗争、善于斗争的模范，做艰苦奋斗、无私奉献的模范，做崇德向善、严守纪律的模范，努力成长为有理想、敢担当、能吃苦、肯奋斗的新时代好青年，用青春的能动力和创造力激荡起民族复兴的澎湃春潮。

"请党放心、强国有我"，在庆祝中国共产党成立100周年大会上，共青团员、少先队员喊出响亮的青春誓言，这是新时代中国青少年应该有的样子。未来属于青年，希望寄予青年。中华民族伟大复兴的中国梦终将在一代代青年的接力奋斗中变为现实。以实现中华民族伟大复兴为己任，保持永不懈怠的精神状态、永不停滞的前进姿态，勇立时代潮头，争做时代先锋，新时代的中国青年一定能为实现中华民族伟大复兴注入源源不断的青春力量，用青春和汗水创造出让世界刮目相看的新奇迹！

《人民日报》（2022年05月13日第01版）

"五个模范、五个带头"：
新时代中国青年成长成才的行动指南

刘俊彦

在习近平总书记关于青年工作的重要思想中，关于青年健康成长正确方向、正确道路、正确方法的论述深刻系统，饱含深情，是新时代中国青年成长成才的指南。

在庆祝中国共产主义青年团成立100周年大会上，习近平总书记要求新时代的广大共青团员，要做"五个模范"，做到"五个带头"。

"五个模范、五个带头"的要求，体现了习近平总书记对青年成长成才规律的深刻把握，是习近平总书记对青年健康成长道路的最新概括，高屋建瓴、语重心长，既提出了明确要求，也指明了努力路径。

做理想远大、信念坚定的模范

"青年的理想信念关乎国家未来。青年理想远大、信念坚定，是一个国家、一个民族无坚不摧的前进动力。"理想信念是精神支柱，青年志存高远、信念坚定，就能激发奋进潜力，增强澎湃动力，担负起时代使命。

一要带头学习马克思主义理论。理想信念只有建立在对科学理论的认同上，建立在对历史规律的认识上，建立在对基本国情的把握上，才能虔诚、执着、坚定。广大共青团员要带头认真学习马克思主义理论，深入学习习近平新时代中国特色社会主义思想，读原著、悟原理、见行动，知之而后信之、信之而后行之，从内心深处厚植对党的信赖、对中国特色社会主义的信心、对马克思主义的信仰。

二要带头树立共产主义远大理想和中国特色社会主义共同理想。把我国建成富强民主文明和谐美丽的社会主义现代化强国，实现中华民族伟大复兴，是新时代全国各族人民的共同理想。广大团员青年必须把践行共同理想和坚定远大理想统一起来。只有扎扎实实做好每一项工作，才能在青春的赛道上跑出当代青年的最好成绩！

三要带头自觉践行社会主义核心价值观，大力弘扬爱国主义精神。广大青年要从现在做起，从自己做起，勤学、修德、明辨、笃实，使社会主义核心价值观成为自己的基本遵循，并身体力行大力将其推广到全社会去，努力在实现中国梦的伟大实践中创造自己的精彩人生。爱国是社会主义核心价值观的重要内容，当代中国，爱国主义的本质就是坚持爱国和爱党、爱社会主义高度一致。广大共青团员要听党话、跟党走，胸怀忧国忧民之心、爱国爱民之情，在不断奉献祖国、奉献人民的人生实践中践行热爱祖国的诺言！

做刻苦学习、锐意创新的模范

"青年是苦练本领、增长才干的黄金时期。""青年要求真学问，练真本领。""青年最具创新热情，最具创新动力。"党的十八大以来，每每与青年面对面交流，习近平总书记都勉励青年要加强学习、增强本领。广大共青团员只有把能力素质的基石打牢打深，才能行稳致远，大有作为。

一要带头立足岗位、苦练本领、创先争优。广大共青团员要"把学习作为首要任务，作为一种责任、一种精神追求、一种生活方式"，时时处处学，持之以恒学，既要读万卷书也要行万里路，既要多读有字之书也要多读无字之书。要立足岗位、爱岗敬业，苦练本领、创先争优，努力当好伟大理想的追梦人、伟大事业的生力军。

二要努力成为行业骨干、青年先锋。新时代产业、行业和职业变迁变动速度加快，对青年提出更高要求。广大共青团员要干一行、爱一行、钻一行，努力在工作实践中增长才干、施展才华，把青春的旗帜插在产业转型、行业创新的第一线。

三要带头成为创新创造的先锋力量。我国要成为世界主要科学中心和创新高地，就要切实发挥青年创新创造的先锋作用。广大共青团员要拿出"初生牛犊不怕虎"的锐气，解放思想、与时俱进，在全面深化改革大潮中迸发创新活力，勇做创新先锋。

做敢于斗争、善于斗争的模范

新时代青年处在中华民族发展的最好时期，既面临难得的建功立业的人生际遇，也面临百年未有之大变局带来的风险挑战。广大共青团员只有迎难而上，自觉加强斗争历练，在斗争中长本领、强筋骨，才能担当起民族复兴的重任。

一要带头迎难而上、攻坚克难。新时代的共青团员在新冠肺炎疫情防控第一线、在科技创新最前沿、在体育竞技场上、在平凡而伟大的工作岗位上迎难而上、苦干实干、坚韧不拔。面向未来，广大共青团员要保持知重负重、直面挑战的昂扬斗志，百折不挠克服困难、战胜风险，为了胜利勇往直前。

二要做到不信邪、不怕鬼、骨头硬。中国青年在中国共产党的领导下，从来不信邪、不怕鬼、骨头硬。广大共青团员要在各种斗争中保持坚定决心和必胜信心，保持"越是艰险越向前"的气概，激发"斗罢艰险又出发"的豪情，靠硬的精神、硬的能力、硬的作风有效应对各种风险挑战。

做艰苦奋斗、无私奉献的模范

"奋斗是青春最亮丽的底色。""民族复兴的使命靠奋斗来实现，人生理想的风帆靠奋斗来扬起。"广大共青团员要把人生志向转化为奋斗动力，负责任、勇担当，让青春在奋斗中闪光。

一要带头站稳人民立场。党的根基在人民、血脉在人民、力量在人民。广大共青团员要把自己的小我融入祖国和人民的大我之中，与时代同步伐、与人民共命运，才能更好实现人生价值。要坚持人民至上，尊重人民的历史主体地位和首创精神；要向人民学习，坚信智慧蕴藏于基层和普通大众；要扎根人民群众，始终与人民想在一起、干在一起。

二要带头脚踏实地、求真务实。新时代新征程，必然会有艰巨繁重的任务，必然会有艰难险阻，特别需要广大共青团员脚踏实地，做好每一件小事、完成好每一项任务、履行好每一项职责，求真务实，说老实话、办老实事、做老实人，以务实精神和科学方法破解新难题、创造新业绩。

三要带头吃苦在前、享受在后，甘于做一颗永不生锈的螺丝钉。"无数人生成功的事实表明，青年时代，选择吃苦也就选择了收获，选择奉献也就选择了高尚。"广大共青团员要把学习工作中吃的"苦头"转化为宠辱不惊的心理素质、百折不挠的进取意志和乐观向上的精神状态，处理好吃苦和享受的关系，体会辛勤劳动的喜悦和无私奉献的快乐，甘于做一颗永不生锈的螺丝钉，一辈子追求进步、一辈子奋斗奉献。

做崇德向善、严守纪律的模范

"人无德不立，品德是为人之本。止于至善，是中华民族始终不变的人格追求。"广大共青团员要加强品德锤炼，做崇德向善、严守纪律的模范，让清风正气、蓬勃朝气遍布全社会。

一要带头明大德、守公德、严私德。广大共青团员要把正确的道德认知、自觉的道德养成、积极的道德实践紧密结合起来，不断修身立德，打牢道德根基，严守对党忠诚的大德，严守造福人民的公德，严于律己，争当向上向善好青年。

二要严格遵纪守法。广大共青团员要严格遵纪守法，做尊法的模范，带头尊崇法治、敬畏法律；做学法的模范，带头了解法律、掌握法律；做守法的模范，带头遵纪守法、捍卫法治。

三要严格履行团员义务。共青团员是青年光荣的政治身份，享有团章规定的权利，必须履行团章规定的义务。广大共青团员要牢固树立团员意识，切实履行团章规定的六个方面义务，不断增强团员先进性，坚持不懈地用习近平新时代中国特色社会主义思想武装头脑，唱响"与人民一起开拓、同祖国一同奋进"的时代强音，成长为堪当民族复兴重任的时代新人和先锋分子！

《中国青年报》（2022年06月28日第07版）

一、新时代青年当争做
理想远大、信念坚定的模范

矢志践行初心使命让我们党永远年轻

点亮青年心中的理想之灯

学习马克思　奋进新时代　争做坚定有为的青年马克思主义者

新时代对党忠诚的实践要求

> 青年声音

理想远大、信念坚定

人民日报评论部

"在实现民族复兴的赛道上奋勇争先""用青春的智慧和汗水打拼出一个更加美好的中国""党和国家的希望寄托在青年身上"……在庆祝中国共产主义青年团成立100周年大会上,习近平总书记的铿锵话语、殷殷嘱托,激励广大新时代中国青年坚定理想、肩负使命,在实现中华民族伟大复兴中国梦的新征程上奋勇前进。

坚定的理想信念,扬起青春远航的风帆。习近平总书记要求新时代广大共青团员做"五个模范",排在首位的就是"要做理想远大、信念坚定的模范,带头学习马克思主义理论,树立共产主义远大理想和中国特色社会主义共同理想,自觉践行社会主义核心价值观,大力弘扬爱国主义精神"。当代中国青年生逢其时、重任在肩,要树立远大理想,坚定走中国特色社会主义道路的信念,努力成长为有理想、敢担当、能吃苦、肯奋斗的新时代好青年,不断把为崇高理想奋斗的实践推向前进。

青年的理想信念关乎国家未来。青年理想远大、信念坚定,是一个国家、一个民族无坚不摧的前进动力。百年前,一群新青年高举马克思主义思想火炬,在风雨如晦的中国苦苦探寻民族复兴的前途。百年来，在中国共产党的旗帜下，一代代中国青年把青春奋斗融入党和人民事业，成为实现中华民族伟大复兴的先锋力量。凝聚在中国共产党的旗帜之下，青年以远大理想抱负、深厚家国情怀，成为整个社会力量中最积极、最有生气的力量，寄托着国家的希望，承载着民族的未来。理想信念是精神支柱，有了理想信念的加持，就能涵养"忠诚印寸心，浩然充两间"的高尚品格，就能唤醒"站在最大多数劳动人民的一面"的政治觉悟，就能激发"为国为民谋解放之革命事业"的使命担当，就能塑造"风雨不动安如山"的强大定力，就能增进"坚定不移走自己的路"的深厚自信。

政治上的坚定源于理论上的清醒。理想信念只有建立在对科学理论的理性认同上，建立在对历史规律的正确认识上，建立在对基本国情的准确把握上，才能虔诚而执着、至信而深厚。陈望道积极接触和宣传马克思主义理论，不仅成为首个中文全译本《共产党宣言》的翻译者，还参与创建了上海共产主义小组、上海社会主义青年团。蔡和森在赴法国勤工俭学期间翻译上百种介绍马列主义和俄国革命的书籍，系统提出了建党理论和建党原则，在团的一大上当选中央执行委员会委员。坚定理想信念，必先知之而后信之，信之而后行之。新时代中国青年做到理想远大、信念坚定，就要带头学习马克思主义理论，从内心深处厚植对党的信赖、对中国特色社会主义的信心、对马克思主义的信仰。

同人民一道拼搏、同祖国一道前进，服务人民、奉献祖国，是当代中国青年的正确方向。只有当青春同党和人民事业高度契合时，青春的光谱才会更广阔，青春的能量才能充分迸发。从"敢教日月换新天"的革命豪情到"把青春献给祖国"的建设浪潮，从"团结起来、振兴中华"的时代强音到"清澈的爱，只为中国"的奋斗誓言，百年来广大青年在奋斗中释放青春激情、追逐青春理想,以青春之我、奋斗之我,为民族复兴铺路架桥,为祖国建设添砖加瓦。新时代中国青年要自觉听从党和人民召唤,胸怀"国之大者",担当使命任务,到新时代新天地中去施展抱负、建功立业,争当伟大理想的追梦人,争做伟大事业的生力军,让青春在祖国和人民最需要的地方绽放绚丽之花。青春孕育无限希望,青年创造美好明天。在庆祝中国共产党成立100周年大会上,共青团员、少先队员代表响亮喊出"请党放心、强国有我"的青春誓言,展现新时代中国青少年的理想与抱负。

未来属于青年,党和国家的希望寄托在青年身上。走好新时代的长征路,我们更加需要坚定理想信念、矢志拼搏奋斗。在祖国的万里长空放飞青春梦想,肩负起社会主义建设者和接班人的光荣使命,中华民族伟大复兴终将在广大青年的接力奋斗中变为现实。

《人民日报》(2022年05月16日第05版)

矢志践行初心使命让我们党永远年轻

朱佳木

1949年6月中国共产党成立28周年前夕，毛泽东同志在《论人民民主专政》这篇文章中写道："像一个人一样，有他的幼年、青年、壮年和老年。中国共产党已经不是小孩子，也不是十几岁的年青小伙子，而是一个大人了。"今天，中国共产党已经走过一百年光辉历程，发展成为在最大的社会主义国家执政70多年、拥有9000多万党员的世界上最大的马克思主义执政党。百年光辉历程，中国共产党生机勃勃、充满活力、不断壮大。其根本原因究竟是什么，不能不引起人们的思考。

对于这个问题，习近平总书记强调："只有不忘初心、牢记使命、永远奋斗，才能让中国共产党永远年轻。"一百年来党的历史充分证明了这一点。中国共产党人的初心和使命，就是为中国人民谋幸福、为中华民族谋复兴，中国共产党一百年来矢志践行的就是这个初心和使命。正因为如此，我们党才能在极端困境中发展壮大，才能在濒临绝境中突出重围，才能在困顿逆境中不断奋起，才能永葆青春、永富朝气、永远年轻。

初心使命是激励中国共产党人不断前进的根本动力

不忘初心、牢记使命，说到底就是要弄清楚"我们从哪儿来、往哪儿去""我是谁、为了谁、依靠谁"的问题。纵观百年党史，我们党干革命、搞建设、抓改革，最终目的都是为了让中国人民过上好日子。无论我们党走了多远，都没有忘记为什么出发，没有忘记自己的初心使命。

1921年中国共产党诞生时仅有50多名党员，经过不断发展壮大，现在已有9000多万名党员。是什么把中华民族如此之多的优秀分子吸引到我们党这里来的呢？没有别的，最大的吸引力就是党的初心使命。正因为我们党有这样的初心使命，所以，总是能把怀抱为国为民理想的人才吸引进来。毛泽东同志在党的七大预备会议上谈到中国共产党的成立时指出："从古以来没有这样的人民，从古以来没有这样的共产党。"在革命战争年代，无数共产党人舍生忘死、视死如归、不屈不挠、前赴后继，使我们党成为一支打不垮、拖不烂、无坚不摧、无往不胜的队伍，终于带领人民推翻三座大山，建立了新中国。在建设和改革年代，无数共产党人克己奉公、埋头苦干、吃苦在前、享受在后，使我们党攻克了一个又一个看似不可能攻克的难关，创造了一个又一个看似不可能创造的奇迹，带领人民取得了令世界刮目相看的伟大成就。

党的十八大以来，以习近平同志为核心的党中央高举中国特色社会主义伟大旗帜，坚持不忘初心、牢记使命，统筹推进"五位一体"总体布局，协调推进"四个全面"战略布局，坚决打好防范化解重大风险、精准脱贫、污染防治三大攻坚战，推动改革发展成果更多更公平惠及全体人民，推动党和国家事业取得历史性成就、发生历史性变革，推动中国特色社会主义进入了新时代，同时也使我们党进一步焕发出青春活力。

把践行初心使命体现在为人民利益而奋斗之中

习近平总书记指出："党的初心和使命是党的性质宗旨、理想信念、奋斗目标的集中体现"。这就是说，党的初心使命是与党的性质宗旨、理想信念、奋斗目标紧密联系在一起的。一百年来，无论顺境还是逆境，我们党之所以总能保持党的性质宗旨、理想信念、奋斗目标不变，说到底是因为把践行初心使命一以贯之地体现到为人民利益而奋斗之中。

"半条被子"故事中的徐解秀老人说："什么是共产党？共产党就是自己有一条被子，也要剪下半条给老百姓的人。"她的话，形象地说明了我们党同人民群众的血肉联系。我们党打江山、守江山，守的是人民的心，为的是让人民过上好日子。时刻把群众的安危冷暖放在心上，时时处处关心群众生活，始终与人民心连心、同呼吸、共命运，是我们党的一贯作风。正因为如此，我们党总能得到人民的信任、拥护、支持。国际上许多友好政党和人士在思考我们党为什么百年长青时认为："坚持将人民放在第一位，把人民对美好生活的向往作为奋斗目标，这是中共这个百年大党始终保持生机活力的源泉。"

习近平总书记提出以人民为中心的发展思想，强调"人民对美好生活的向往，就是我们的奋斗目标"，要求"推动全党把坚持正确政治方向贯彻到谋划重大战略、制定重大政策、部署重大任务、推进重大工作的实践中去，经常对表对标，及时校准偏差"。要坚持正确政治方向，经常对表对标，首先就要随时用党的初心使命校正我们工作实践中的偏差。党的十八大以来，我们党解决了许多长期想解决而没有解决的难题、办成了许多过去想办而没有办成的大事，其根本原因就在于始终坚持以人民为中心的发展思想，用党的初心使命对照检查我们的各项工作，始终坚持尊重社会发展规律和尊重人民历史主体地位的一致性、为崇高理想奋斗和为最广大人民谋利益的一致性、完成党的各项工作和实现人民利益的一致性，与群众有福同享、有难同当。这样的党，必然永远年轻。

以勇于自我革命坚守初心使命

习近平总书记指出："勇于自我革命，是我们党最鲜明的品格，也是我们党最大的优势。"我们党历经百年奋斗，又处于长期执政条件下和改革开放、发展社会主义市场经济的环境中，之所以能做到不忘初心、牢记使命，一个重要原因就在于有强烈的自我革命精神，不断增强自我净化、自我完善、自我革新、自我提高的能力。

毛泽东同志在延安时期就说过："房子是应该经常打扫的，不打扫就会积满了灰尘；脸是应该经常洗的，不洗也就会灰尘满面。我们同志的思想，我们党的工作，也会沾染灰尘的，也应该打扫和洗涤。'流水不腐，户枢不蠹'，是说它们在不停的运动中抵抗了微生物或其他生物的侵蚀。"经常检讨工作，开展批评和自我批评，"正是抵抗各种政治灰尘和政治微生物侵蚀我们同志的思想和我们党的肌体的唯一有效的方法。"这就告诉我们，党要矢志践行初心使命，就要勇于直面问题，敢于刮骨疗毒，同一切损害党的先进性和纯洁性的因素做坚决斗争。

历史表明，通过开展全党集中性学习教育和整风来推进自我革命，是坚守初心使命的有效途径。抗战后期，我们党以延安为中心，在全党范围开展了一场整风运动，为抗日战争的最后胜利和夺取全国政权奠定了思想政治基础。新中国成立初期，针对在全国执政后出现和可能出现的问题，我们党又先后开展了一系列整风运动，目的都是为了加强党的自身建设，防止骄傲和腐化，对党执政后坚守初心使命，在总体上起到了积极作用。改革开放后，我们党通过开展整党、"三讲"教育、先进性教育活动、学习实践科学发展观活动等，有力提高了党的建设水平。党的十八大以来，我们党组织开展了群众路线教育实践活动、"三严三实"专题教育、"两学一做"学习教育、"不忘初心、牢记使命"主题教育，当前正在全党开展党史学习教育。实践证明，这些集中性学习教育，对于引导广大党员、干部牢记入党誓言、坚定理想信念、践行初心使命，使党永远保持旺盛的战斗力和青春活力，具有重要意义。

习近平总书记指出："一切向前走，都不能忘记走过的路；走得再远、走到再光辉的未来，也不能忘记走过的过去，不能忘记为什么出发。面向未来，面对挑战，全党同志一定要不忘初心、继续前进。"中国共产党迎来了建党百年。在庆祝党的百年华诞之际，我们更要通过学习党史，弄清楚党在过去的一百年里是怎么坚守初心使命的，进而更加牢固地站稳人民立场，树立以人民为中心的发展思想，继续全心全意为人民服务，更加坚定地把人民对美好生活的向往作为奋斗目标，推动改革发展成果更多更公平惠及全体人民，为实现中华民族伟大复兴的中国梦汇聚磅礴伟力。

《人民日报》（2021年06月22日第13版）

点亮青年心中的理想之灯

朱雄君

在庆祝中国共产主义青年团成立100周年大会上,习近平总书记深刻指出:"希望党的青年组织永远站在理想信念的高地上,用党的科学理论武装青年,用党的初心使命感召青年,用党的光辉旗帜指引青年,用党的优良作风塑造青年。"革命理想高于天。理想信念是共产党人前进的灯塔,是共青团必须坚守的政治之魂,更是共青团保持最根本、最持久凝聚力的关键所在。共青团坚持与党同心、跟党奋斗,就是要始终高举党的旗帜,永远站在理想信念的高地上,用党的科学信仰之光点亮青年心中的理想之灯。

用党的科学理论武装青年。理论上的清醒是思想成熟、信仰坚定、行动坚决的前提条件。中国共产党自诞生以来,就将马克思主义作为自己的理论武器,坚持用发展的马克思主义指导自己。历史和实践证明:中国共产党之所以能、中国特色社会主义之所以好,归根到底是因为马克思主义行。共青团要引领广大团员青年始终与党同心、跟党奋斗,必须用发展的马克思主义这个党的科学理论武装青年、教育青年、引导青年。引导广大团员青年坚持学原著读原文悟原理,全面、深入、系统学习党的科学理论特别是习近平新时代中国特色社会主义思想,把握人类社会发展大势与历史规律,把握中华民族近代以来的发展主题与历史脉络，把握中国共产党百年奋斗的伟大成就与历史进程，牢固树立对共产主义的坚定信仰、对中国特色社会主义的坚定信念、对中国共产党的坚定信任与信赖。引导广大团员青年坚持深学深思深悟，学会运用马克思主义的立场观点方法认识世界、观察社会、改造自我、思考人生，拨开各种文化思潮的迷雾，化解各种思想上的困惑，解决各种成长中的烦恼。引导广大团员青年坚持学思用贯通、知信行统一，在学思践悟中体悟党的科学理论所蕴含的真理之光与信仰之力，切实筑牢信仰之基、补足精神之钙、把稳思想之舵、激发奋进之力，勇做新时代的弄潮儿。

用党的初心使命感召青年。初心使命是一个政治组织最本源、最稳定、最持久的前进动力。中国共产党自诞生以来，就将为中国人民谋幸福、为中华民族谋复兴作为自己的初心使命。这个初心使命，是激励一代又一代中国共产党人浴血奋战、英勇拼搏、开拓创新、砥砺奋进的力量之源。共青团要引领广大团员青年始终与党同心、跟党奋斗，必须用党的初心使命感召青年、鼓舞青年、激励青年。教育引导广大团员青年深入学习党史、新中国史、改革开放史、社会主义发展史，从而坚定永远跟党走的决心意志，自觉把实现人民幸福、实现民族复兴作为崇高追求和人生目标。教育引导广大团员青年深刻感悟中国共产党百年奋斗呈现的壮阔历程、创造的历史伟业、取得的伟大成就、展现的精神风貌，把握中国共产党为什么奋斗、如何奋斗、靠什么奋斗，从而担当为党和人民奋斗的青春使命，自觉在民族复兴的伟大征程中拼搏奉献、奋勇争先。

用党的光辉旗帜指引青年。旗帜是党始终团结统一、步调一致的根本，更是党能够团结全体中华儿女、激发民族复兴磅礴之力的关键。中国共产党自诞生以来，就高举马克思主义的伟大旗帜，让党的旗帜高高飘扬。无论是在浴血奋战、百折不挠的新民主主义革命时期，自力更生、发愤图强的社会主义革命和建设时期，还是在解放思想、锐意进取的改革开放和社会主义现代化建设新时期，自信自强、守正创新的中国特色社会主义新时代，中国共产党始终依靠旗帜指引方向，凝聚力量。共青团要引领广大团员青年始终与党同心、跟党奋斗，必须用党的光辉旗帜凝聚青年、动员青年、组织青年。必须立足党的事业后继有人这个根本大计，牢牢把握培养社会主义建设者和接班人这个根本任务，引导广大团员青年听党话、跟党走，在党旗的光辉照耀下找准青春航向，在党的关心关怀下健康成长，在追求政治进步入队、入团、入党的"人生三部曲"中接受思想洗礼，在实践锻造中不断增强做中国人的志气、骨气、底气，用青春的臂膀扛起如山的责任，以奋斗的姿态书写新时代中国青年的壮丽篇章。

用党的优良作风塑造青年。党的优良作风，散发着理想信念的光辉，凝结着红色基因的沉淀，是中国共产党历经血与火的考验形成的宝贵财富和优良传统，是中国共产党区别于其他政党的显著标志。共青团作为党领导的先进青年的群团组织，自成立之日起就受到党的思想熏陶和作风锻造，是党的光荣传统和优良作风的忠实传人。共青团要引领广大团员青年始终与党同心、跟党奋斗，必须用党的优良作风塑造青年、鞭策青年、淬炼青年。引导广大团员青年坚持理论联系实际，积极响应党的号召，用脚步丈量祖国大地，用眼睛发现中国精神，用耳朵倾听人民呼声，用内心感应时代脉搏，在实践中感悟真理的魅力、理想的光辉。引导广大团员青年坚持密切联系群众，牢固树立群众观念，忠实践行党的群众路线，到基层一线去，到田间地头去，到祖国和人民最需要的地方去，在与人民群众的血肉联系中汲取智慧与力量、升华情怀和境界。引导广大团员青年坚持批评与自我批评，始终自立自强，时刻自警自省，以革命的姿态锻造自我，实现自我净化、自我完善、自我革新、自我提高，努力成为党和人民期待的时代先锋。引导广大团员青年坚持艰苦奋斗、戒骄戒躁，牢记"空谈误国、实干兴邦"，坚持"党有号召、团有行动"，在求真务实的担当实干中成就人生精彩，在艰苦奋斗的创新创造中书写青春华章，用拼搏奉献的实际行动践行"请党放心、强国有我"的青春誓言。

《光明日报》（2022年06月22日第06版）

学习马克思　奋进新时代
争做坚定有为的青年马克思主义者

贺军科

习近平总书记在纪念马克思诞辰200周年大会上指出,"马克思主义的命运早已同中国共产党的命运、中国人民的命运、中华民族的命运紧紧连在一起","马克思主义始终是我们党和国家的指导思想,是我们认识世界、把握规律、追求真理、改造世界的强大思想武器"。青年是祖国的未来、民族的希望,也是我们党的未来和希望。今年五四青年节前夕,习近平总书记到马克思主义在中国传播的发源地北京大学考察,对青年一代寄予殷切期望。广大青年要牢记习近平总书记的谆谆嘱托,自觉坚定马克思主义信仰,深入学习贯彻习近平新时代中国特色社会主义思想这一马克思主义中国化最新成果,以青春之我、奋斗之我,为民族复兴铺路架桥,为祖国建设添砖加瓦,争做新时代坚定有为的青年马克思主义者。

当代青年学习和实践马克思主义,最根本的就是要自觉坚持习近平新时代中国特色社会主义思想这一党和国家的指导思想

马克思主义理论和实践发展的历史启示我们,马克思主义不是书斋里的学问，而是指导实践的行动指南；从来不是死板僵化的教条，而是观察世界、分析问题的"伟大的认识工具"。中国共产党人始终坚持马克思主义基本原理和贯穿其中的立场、观点、方法这一马克思主义的精髓和活的灵魂，始终坚持解放思想、实事求是、与时俱进、求真务实，始终不忘赓续中华民族的文化根脉和精神追求，在实践中不断推进马克思主义中国化时代化，指导中国革命、建设、改革不断从胜利走向胜利，引领中华民族迎来从站起来、富起来到强起来的伟大飞跃。

时代是思想之母，实践是理论之源。党的十八大以来，习近平总书记带领全党保持和发扬马克思主义政党与时俱进的理论品格，勇于推进实践基础上的理论创新，创立了习近平新时代中国特色社会主义思想。在统揽伟大斗争、伟大工程、伟大事业、伟大梦想的进程中，习近平新时代中国特色社会主义思想指引我们廓清了思想迷误，看清了前进方向，理清了发展思路，为我们的党、我们的国家、我们的人民提供了最强大的精神能量，从根本上树起了"四个自信"，展现出强大真理魅力；指引全党勇于自我革命、领导人民接续推进伟大社会革命，解决了许多长期想解决而没有解决的难题，办成了许多过去想办而没有办成的大事，推动党和国家事业发生历史性变革，推动中国特色社会主义进入了新时代，展现出强大实践魅力；字里行间跃动着习近平总书记博大的人民情怀、家国情怀、民族情怀、天下情怀，彰显着习近平总书记非凡的政治智慧、顽强的意志品质、强烈的历史担当、深沉的忧患意识和以身许党许国的决绝，展现出强大人格魅力，赢得了包括青年在内的广大人民群众对习近平总书记这位党的核心、军队统帅、人民领袖发自内心的拥戴与追随。

习近平新时代中国特色社会主义思想所展现出来的独特魅力，既源于传承与接续，在根本上贯穿着马克思主义的立场观点方法，从本质上体现着科学性、人民性、实践性、革命性这些马克思主义所具有的鲜明精神特质；更源于发展与升华，顺应时代步伐、植根中华大地、放眼世界舞台，开辟了马克思主义新境界，是当代中国马克思主义、21世纪马克思主义。对于当代中国青年来讲，学习马克思、学习和实践马克思主义，关键就是要深入学习领会习近平新时代中国特色社会主义思想的科学体系和丰富内涵，深刻把握贯穿其中的马克思主义立场观点方法，发扬学到底、悟到位的精神，既知其然又知其所以然，做到学思用贯通、知信行统一，真正成为习近平新时代中国特色社会主义思想的忠实信仰者、自觉践行者、坚定捍卫者。

马克思主义是中国青年运动始终高扬的思想旗帜，广大青年要争做新时代青年马克思主义者

马克思主义与中国青年运动有着特殊紧密的联系。1919年爆发的伟大五四运动，促进了马克思主义在中国的传播。中国最早接受马克思主义的先行者中，绝大多数都是当时在内忧外患的黑暗境地中苦苦寻找救国救民真理的热血青年，在他们当中产生了中国历史上最早的一批坚定的马克思主义者。在中国共产党领导下，在马克思主义和马克思主义中国化理论成果的指引下，中国青年运动蓬勃开展，一批又一批坚定的青年马克思主义者在实践中成长起来，带领广大青年为中国革命、建设、改革事业作出了重要贡献。进入新时代，为实现中华民族伟大复兴的中国梦而奋斗，是中国青年运动的时代主题；全程参与、亲身建设社会主义现代化强国，是当代中国青年的时代责任。习近平总书记指出："新时代青年要乘新时代春风，在祖国的万里长

空放飞青春梦想，以社会主义建设者和接班人的使命担当，为全面建成小康社会、全面建设社会主义现代化强国而努力奋斗，让中华民族伟大复兴在我们的奋斗中梦想成真！"这份嘱托的分量是沉甸甸的，广大青年要不辜负习近平总书记的厚望，始终高扬马克思主义伟大旗帜，在紧跟党奋斗中争做新时代青年马克思主义者。

做新时代青年马克思主义者，就要坚定理想信念。马克思主义是我们信仰的源头，在深刻揭示人类社会发展规律的基础上，第一次提出了实现以人的自由而全面的发展为本质特征的共产主义这一崇高理想，站在了人类道义制高点上，为我们提供了具有坚实理论支撑、代表人类对未来社会美好期待的科学信仰体系。对于当代中国青年来讲，既要坚定共产主义远大理想，又要坚定中国特色社会主义共同理想。回顾从鸦片战争到新中国成立的100多年间，可以说，中国经历了一次次全方位、深层次的社会实验，中国人民和无数仁人志士在纷繁复杂的思想主张间反复比较，在形形色色的制度模式中艰难试错，最终，在指导思想上选择了马克思主义，在政治领导力量上选择了中国共产党，在发展道路上选择了社会主义。这是中国用近百年徘徊、无数次屈辱这样沉重的代价换来的历史结论，是先辈们用几代人的苦难探索出的发展道路。青年一代必须倍加珍惜，不为任何风险所惧，不为任何干扰所惑。这就是历史的逻辑，也是当代中国青年对国家和民族、对我们自己和后辈所应当肩负的历史责任。新时代的有志青年要以更大的热情拥抱马克思主义，自觉用马克思主义的立场观点方法，用习近平新时代中国特色社会主义思想这一马克思主义中国化最新成果，来辨析形形色色的社会思潮，来分析纷繁复杂的社会现象，并在这一过程中不断深化对马克思主义科学性、真理性的认识，进而不断坚定共产主义远大理想和中国特色社会主义共同理想。

做新时代青年马克思主义者，就要站稳人民立场。人民立场是马克思主义的根本立场，体现着马克思主义的价值取向。我们信仰马克思主义，矢志为共产主义而奋斗，说到底，就是为了最广大人民群众的利益而奋斗。人民立场不是口头喊出来的，必须源于深厚的群众感情，是一种发自内心的情感自觉。习近平总书记的青春故事，为我们树立了光辉的学习榜样。在梁家河的七年知青岁月里，青年习近平与当地群众想在一起、干在一起、生活在一起，全方位融入群众之中，从不谙世事的"知青"成长为"普通农民""黄土地的儿子"。当他离开梁家河时，村民们送了一程又一程，难舍难分。40年后，总书记再次来到梁家河，对乡亲们讲："当年，我人走了，但我把心留在了这里。"朴素而隆重的送行、简单而真切的话语，背后饱含的是与人民的深厚感情。读懂了总书记的这段青春岁月，我们就能更深刻地领悟以人民为中心这一重要思想的根基与源头。新时代的有志青年就要像习近平总书记那样，自觉融入群众的奋斗，坚持从最大多数人的长远利益出发思考问题、作出判断，始终关注和关心身边群众的安危冷暖，将心比心、以心换心，防止变成"精致的利己主义者"，永远和最大多数人民群众在一起。

做新时代青年马克思主义者，就要积极投身实践。马克思主义具有鲜明的实践品格，不仅致力于科学"解释世界"，而且致力于积极"改变世界"。习近平总书记强调，社会主义是干出来的，新时代也是干出来的。对于当代中国青年来讲，实践的天地极为广阔。新时代是奋斗者的时代，新时代的青年马克思主义者就要拿出奋斗者的姿态，葆有接续奋斗、艰苦奋斗、不懈奋斗的精神状态。每一代人的幸福只能靠每一代人自己去创造，而且每一代人都应承担对前辈、对自己、对后代的伦理责任、道德责任，奋斗精神在任何时候都不能丢。

"人的一生只有一次青春。现在，青春是用来奋斗的；将来，青春是用来回忆的。"许多人都有这样的人生体验：回忆往事时，最自豪的成绩是历经长期奋斗、艰苦奋斗后取得的成绩；最深厚的友谊是在同舟共济、共同奋斗中结下的友谊；最难忘的故事是顽强拼搏、激情奋斗的故事，即便当时是苦的，但回忆起来是甜的，过程有多苦，回忆起来就有多甜。新时代的有志青年都要懂得"幸福都是奋斗出来的，奋斗本身就是一种幸福"，唱响"奋斗的青春最美丽"的青春之歌，立足本职岗位，创新创业创优，勇于到科技攻关最前沿、脱贫攻坚第一线、乡村振兴大舞台、社会建设新领域去建功立业，用奋斗为自己留下一段充实、温暖、持久、无悔的青春回忆，用实践为自己打下青年马克思主义者的坚实烙印。

做新时代青年马克思主义者，就要发扬革命精神。革命性是马克思主义的鲜明特征，坚定的马克思主义者必定也是彻底的革命者。习近平总书记深刻指出，不忘初心、牢记使命，就不要忘记我们是共产党人，我们是革命者，不要丧失了革命精神。对于我们党是如此，对于青年一代也应当如此。特别是新时代青年马克思主义者，更要保持革命斗志、焕发革命热情，不能暮气沉沉，而要朝气勃勃，始终紧跟党推进伟大的社会革命，坚定支持党进行伟大的自我革命。发扬革命精神，就要有改革创新的锐气。青年人最少保守思想，最少既得利益，是整个社会力量中的一部分最积极最有生气的力量。新时代的有志青年要积极响应党的号召，勇立改革潮头，争当改革闯将，不为眼前的、局部的既得利益所迷惑，不因小成即满、小富即安的心理而懈怠，更不能被功利主义、庸俗哲学消磨了青春的棱角、进取的锐气，坚定不移做全面深化改革的促进派、实干家。发扬革命精神，就要有自力更生的志气。新时代的有志青年要牢记习近平总书记"核心技术、关键技术、国之重器必须立足于自身"的教诲,"摒弃幻想、靠自己",拿出舍我其谁的担当、时不我待的紧迫、卧薪尝胆的坚忍,愈是艰难愈向前,用自己的青春智慧为祖国在各领域打造核心竞争力,为中华儿女在世界民族之林赢得尊严、荣誉、硬气。发扬革命精神,就要有敢于斗争的勇气。一个真正的坚定的马克思主义者,是不惧怕斗争的,也只有在斗争中才能得到锻炼成长。进入新时代,以习近平同志为核心的党中央正带领全党全国人民进行具有许多新的历史特点的伟大斗争。对于广大青年来讲,和平年代、网络时代的斗争很多时候已经从真刀真枪的"硬斗争"变成了思想领域的"软交锋",从现实社会转移到了网络空间。近年来,共青团在党中央坚强领导下带领广大团员青年旗帜鲜明开展网上舆论斗争的实践表明,斗争就是一种宣传教育,斗争也是一种组织动员,在斗争中形成的影响力才是更为持久的影响力,在斗争中形成的团结才是更为牢固的团结。新时代的有志青年要敢于坚持真理,在现实生活中、在网络世界里,自觉同各种错误观点、丑恶现象作斗争,坚决捍卫马克思主义、捍卫党的领导、捍卫党的领袖、捍卫中国特色社会主义,真正展现出一个革命者应有的担当。

我们党用共产主义为青年团命名,共青团要切实发挥党的助手和后备军作用,为党在新时代培养好青年一代、锻造一大批坚定的青年马克思主义者

中国共产主义青年团自诞生之日起,就把马克思主义写在了自己的旗帜上。在中国共产党的领导下,团的名称几经更替,团的任务不断变化,团的队伍也换了一茬儿又一茬儿,但是马克思主义的信仰旗帜始终高扬，已经内化为共青团不变的精神基因。今天，在党的坚强领导下，共青团强调坚持马克思主义就是在捍卫自己的生命根基，强调发展马克思主义就是在激发自己的前进动力，强调实践马克思主义就是在兑现自己的青春诺言。共青团不忘初心，就是要团结带领广大青年始终紧跟党为实现共产主义的远大理想而不懈奋斗。共青团是党的助手和后备军，我们对马克思的最好纪念，就是要切实肩负起为党培养中国特色社会主义事业合格建设者和可靠接班人这一根本任务。

突出实践育人，真正发挥好广大青年在实践中学习中国特色社会主义和共产主义的学校作用。共青团是一所大学校，这个定位是党章赋予的，内涵十分丰富。至少明确了三条：第一，共青团这所大学校培养的对象是广大青年；第二，青年到共青团这所大学校接受教育的内容是中国特色社会主义和共产主义；第三，共青团这所大学校培养人的特色方式是实践育人。当前，特别需要全团重视和发挥好实践育人的优势。共青团不同于一般的学校，开展的学习不能是纯粹的理论学习，而是强调理论与实践相结合，要引导青年在社会实践、社会观察中感悟中国特色社会主义和共产主义的真理性，进而坚定理想信念。这是需要我们对照青年思想引领工作中存在的现实问题去深入思考的，是需要我们回归党章去深刻体会的。当前，突出实践育人，就要充分关注和挖掘党的十八大以来发生在青年身边的成就与变革，以此为素材开展好国情形势教育，引导青年从可知可感、切身受益的真实变化中去感受中国特色社会主义的实践成果，从"中国之治"与"西方之乱"的鲜明对比中去感受社会主义制度的优越性，从而增强"四个意识"、坚定"四个自信"、争做"两个维护"。

强化先进性锻造，努力建设一支思想纯洁、信仰坚定的共青团员队伍。共青团是党领导的先进青年的群团组织，共青团员理应具有不同于一般青年的先进性特质。一段时期以来,"团员同一般青年一样,是不是团员没有多大差别"的问题是客观存在的,严重影响到广大青年、社会公众对团的先进性的感知,严重影响到广大共青团员对自身团员身份所应当具有的光荣感的认知。按照习近平总书记的明确要求,共青团把加强团员先进性建设作为改革的一项重大任务来抓,突出政治标准、严格团员发展,强化教育管理、促进作用发挥,两年多来取得了阶段性成效。今后更为重要和艰巨的任务是要让共青团员更加经常、更为充分地展现出同一般青年不一样的先进性。这种展现是多方面的,可以是学习成绩好、专业技能强、社会公益做得多。但要充分认识到,团员与一般青年相比,最重要的不同就是思想上的先进,具有更高的共产主义觉悟,对马克思主义的信仰更坚定、更纯粹。全团要深刻认识到这项工作的长期性、艰巨性,还要继续巩固和深化改革成果,进一步抓紧抓实团员思想教育,特别是要组织广大团员接受全面的、深刻的习近平新时代中国特色社会主义思想教育,自觉用党的创新理论武装头脑,始终坚守马克思主义的理想信念,不负共青团员的光荣称号。

深入实施青年马克思主义者培养工程,努力为党培养一批政治忠诚、能打硬仗的青年政治骨干。实现中华民族伟大复兴的中国梦必将充满艰辛,必须打赢具有许多新的历史特点的伟大斗争。培养一大批坚定的青年马克思主义者,为党的队伍和党的事业输送政治骨干,是共青团作为党的助手和后备军的重要组织功能和价值体现。2017年,中共中央、国务院印发《中长期青年发展规划(2016—2025年)》,将青年马克思主义者培养工程列为重点项目之首来部署安排,充分体现了以习近平同志为核心的党中央对这项工作的高度重视。共青团要在10年多来工作积累的基础上,进一步在培养目标上鲜明聚焦、在

争做"五个模范":新时代中国青年成长成才的时代指南

培养机制上科学规范、在培养方式上求实创新,推动青年马克思主义者培养工程在新时代取得新的更大成绩。要充分认识到,实施青年马克思主义者培养工程是一项政治任务,不能当成简单的事务性工作。为了使这项工程有序推进,在设计和部署时,必须要对培养名额、周期、阶段、课程、任务、考核等提出一系列可操作的指标性要求。但在落实的过程中,一定不能简单机械地只朝着完成这些指标任务去干,而是要牢牢把握培养人这个根本,坚持政治性、突出思想性、注重实践性,真正教育引导学员深入了解国情社情民情,努力培养对人民群众的赤子之心,努力培养组织群众、宣传群众的高强本领,真正成长为对党忠诚、绝对可靠,敢于冲锋、能打硬仗的青年政治骨干。

知之愈明,行之愈笃。马克思主义这一人类伟大思想成果,值得我们用一生学思践悟;习近平新时代中国特色社会主义思想这一当代中国马克思主义的实践伟力,感召强国一代接续奋斗。我们坚信,在中国共产党的领导下,一代代团员青年一定会让马克思、恩格斯设想的人类社会美好前景不断在中国大地上生动展现出来!

《中国青年报》(2018年05月08日第01版)

新时代对党忠诚的实践要求

陈英姿

习近平总书记在2021年秋季学期中央党校（国家行政学院）中青年干部培训班开班式上发表重要讲话，对中青年干部成长成才提出六个方面的明确要求，其中第一条就是信念坚定、对党忠诚。对党忠诚体现在中国共产党在思想、政治、行动、纪律、组织等方面对党员干部提出的标准和要求。新时代广大青年要按照习近平总书记的要求，坚定理想信念，对党绝对忠诚，为实现中华民族伟大复兴中国梦贡献青春力量。

理想信念坚定才能对党忠诚，对党忠诚是对理想信念坚定的最好诠释

理想信念是中国共产党人的精神支柱和政治灵魂，也是保持党的团结统一的思想基础。理想信念坚定就是坚定马克思主义的信仰，坚定对共产主义远大理想和中国特色社会主义共同理想的信念。中国共产党之所以叫共产党，就是因为从成立之日起就把马克思主义写在自己的旗帜上，把实现社会主义、共产主义确立为奋斗目标。党历经挫折而不断奋起，历经苦难而淬火成钢，归根到底在于有远大理想和崇

高追求，有执着信念和坚定信仰。

习近平总书记指出："只有对马克思主义信仰坚定了，对中国特色社会主义信念坚定了，对党忠诚才能有牢靠的基础，才能做到'千磨万击还坚劲，任尔东西南北风'。如果理想信念不坚定，遇到一点风雨就动摇，那尽管平时表面上看着忠诚，但最终也是靠不住的。"坚定的理想信念是对党忠诚的前提和基础。老一辈无产阶级革命家和无数革命先烈一生忠诚于党、奉献人民，就是因为理想信念坚定。

理论上清醒才能政治上清醒，理论上坚定才能政治上坚定。广大青年要自觉坚持理论学习，把马克思主义理论作为必修课，深入学习习近平新时代中国特色社会主义思想，不断筑牢信仰之基、补足精神之钙、把稳思想之舵。认真学习党史、新中国史、改革开放史、社会主义发展史，以坚定的理想信念砥砺对党的赤诚忠心。坚决同意识形态领域的各种错误思潮做斗争，做共产主义远大理想和中国特色社会主义共同理想的坚定信仰者、忠诚实践者。

坚持党的领导，坚决维护党中央权威和集中统一领导，自觉在思想上政治上行动上同党中央保持高度一致

旗帜鲜明讲政治，自觉在政治立场、政治方向、政治原则、政治道路上同党中央保持高度一致，是中国共产党一以贯之的政治优势。坚持党的领导，坚决维护党中央权威和集中统一领导，是对党忠诚的根本要求和鲜明体现。中国共产党之所以能够团结带领人民取得一个又一个胜利、战胜一个又一个挑战，最重要的就是始终坚持正确政治方向，保持党的政治本色，把讲政治的要求从外部要求转化为内在主动，确保党和人民事业始终沿着正确的道路前进。

习近平总书记强调:"对党忠诚必须是纯粹的、无条件的,是政治标准、更是实践标准""党员、干部要用这样的标准要求自己,自觉在思想上政治上行动上同党中央保持高度一致"。中国共产党在革命、建设、改革历程中,为维护党中央权威和集中统一领导,作出了不懈努力。1948年,中共中央颁布《关于建立报告制度的指示》《关于健全党委制的决定》,加强了党中央的集中统一领导。1980年,党的十一届五中全会通过《关于党内政治生活的若干准则》,强调坚持集体领导,维护党的集中统一。2016年,十八届六中全会通过《关于新形势下党内政治生活的若干准则》,旗帜鲜明维护党中央权威,与破坏党的团结统一的行为进行斗争。

"带头做到'两个维护',从根本上讲就是要做到对党忠诚"。广大青年要旗帜鲜明讲政治,树牢"四个意识"、坚定"四个自信"、做到"两个维护",自觉把维护习近平总书记核心地位和党中央集中统一领导作为最高政治原则和根本政治规矩。加强政治历练,接受严格的党内政治生活淬炼,不断提高政治判断力、政治领悟力、政治执行力。把对党忠诚、为党分忧、为党尽职、为民造福作为根本政治担当,勇于担苦、担难、担重、担险,永葆共产党人政治本色。

坚决贯彻执行党的理论和路线方针政策,不折不扣把党中央决策部署落到实处

马克思主义政党的力量,来自广大党员对共产主义事业的忠诚,来自贯彻执行党的路线方针政策的坚定性。对党忠诚,就要以献身党和人民事业的崇高情怀,认真履行党赋予的神圣职责,实干苦干,勤奋工作,用一流业绩回报党和人民的信任和重托。

对党忠诚、永不叛党是党章对党员的基本要求。党的一大制定的第一个党纲规定，申请入党者必须为"承认本党党纲和政策，并愿成为忠实党员的人"。党的二大党章规定申请入党者必须"承认本党宣言及章程并愿忠实为本党服务"。党的十二大党章及之后的党章都要求党员"对党忠诚，积极工作，为共产主义奋斗终身，随时准备为党和人民牺牲一切，永不叛党。"

习近平总书记指出，忠诚不是挂在嘴上、写在纸上的，而是要体现在实际行动上。对党忠诚鲜明体现在坚决贯彻党中央决策部署上。广大青年要不忘初心、牢记使命，全面贯彻党的基本理论、基本路线、基本方略，坚持全心全意为人民服务的根本宗旨，把党和人民的利益放在首位，始终同人民想在一起、干在一起，弘扬党的光荣传统、赓续红色血脉，大公无私、鞠躬尽瘁，忠于职守、勇于担当，为实现人民对美好生活的向往而不懈努力。

严守党的政治纪律和政治规矩，做政治上的明白人、老实人

中国共产党是用革命理想和铁的纪律组织起来的马克思主义政党，组织严密、纪律严明是党的政治优势和力量所在。讲规矩、守纪律是对党员干部党性的重要考验，是对党员干部对党忠诚度的重要检验。对党忠诚，就要严格遵守党规，遵守党的纪律，遵守法律，切实把党规党纪要求贯彻到党的工作全过程，落实到党员干部学习、工作、生活各方面。

习近平总书记指出："党内所有的政治问题，归根到底就是对党是否忠诚。"党的十八大以来，以习近平同志为核心的党中央，从立

规矩开始，制定了八项规定，出台了一系列制度，抓铁有痕、踏石留印，让全党和人民群众从全面从严治党的实际成效中看到了党的先进性和战斗力，凝聚了党心民心。

"坚持对党绝对忠诚，必须把牢政治方向、严守政治纪律。"广大青年要牢固树立纪律意识、规矩意识，严格遵守党章、党的纪律、国家法律以及党在长期实践中形成的优良传统和工作惯例，在纪律和规矩面前要做到心有所畏、言有所戒、行有所止。经常对照党章找差距、对照义务找不足、对照誓词看行动，坚持求真务实，讲原则不讲面子、讲党性不徇私情，做一个一心为公、一身正气、一尘不染、忠诚于党的人。

坚持党和人民事业高于一切，自觉执行组织决定，服从组织安排

重视发挥组织的作用，组织观念牢固，是中国共产党的一大优势。对党忠诚，就要牢固树立组织观念，牢记党员身份，忠诚组织、服从组织，发挥党员先锋模范作用，为实现中华民族伟大复兴贡献力量。

习近平总书记指出：党的事业，人民的事业，是靠千千万万党员的忠诚奉献而不断铸就的。中国共产党一路走来，经历了无数艰险和磨难，没有被任何困难压垮，没有被任何敌人打倒，靠的就是党员的忠诚。苏共拥有20万党员时夺取了政权，拥有200万党员时打败了希特勒，而拥有近2000万党员时却失去了政权。在那场动荡中，竟无一人出来抗争。究其原因，理想信念已经荡然无存，组织观念已经烟消云散。

"对党忠诚,是共产党人首要的政治品质。"广大青年要强化党的意识,时刻牢记自己是党的人,是组织的一员,时刻不忘应尽的义务和责任,相信组织、依靠组织、服从组织。始终在党爱党、在党为党,讲真话,讲实话,忠诚一辈子,奉献一辈子。对党高度信赖,热爱党、拥护党、永远跟党走,以忠诚干净担当的实际行动,在全面建设社会主义现代化国家新征程中奋勇争先、建功立业。

《中国青年报》(2021年10月11日第02版)

青年楷模：隋少春

大国重器的创新探源者
——记航空工业首席技术专家、
航空工业成飞副总经理隋少春

"造最先进的战机，担大国底气，建航空强国。今天，我带着为祖国铸剑九天的强国梦想，向母校汇报。"2021年4月25日，在清华大学110周年校庆活动"向母校汇报"环节，一名年轻校友的发言，让现场清华人的目光聚焦到了航空人身上。

这名校友就是清华大学机械系2009届硕士毕业生隋少春。当时，36岁的隋少春已经是航空工业成都飞机工业（集团）有限责任公司（以下简称"航空工业成飞"）副总经理。今年五四青年节前夕，他荣获第26届中国青年五四奖章。

2003年，隋少春步入清华园，开启了他青春逐梦的征程。大学期间，隋少春在航空先辈、新中国飞机设计的一代宗师徐舜寿身上找到了事业的方向。

"只要搞飞机，到哪儿都行。"6年后从清华大学毕业时，隋少春坚定地选择了奔赴大西南成都，加入航空工业成飞，投身建设航空强国的事业。

多年后，他在回忆毕业时作出的决定时说："国家和学校给了我们最好的资源和舞台,作为清华人,我要奔赴祖国最需要的地方,做清华人应该做的事。"

初到工作岗位,这位名校毕业生就和工人师傅一起扎在生产一线,并虚心请教,常常为了一个小问题花上几个小时去钻研、解决。他说,和一线工人师傅的交流是"吃百家饭",意味着"营养丰富"。

隋少春刚参加工作时,国家正在研制新一代飞机。他说:"能参与其中,我感到幸运。当时很多技术在以前是没有的,我们面临很多挑战,需要去探索、去研究。"

上大舞台干大事,是隋少春读书期间立下的志向,也正是在这个过程中,他迅速成长。2012年,参加工作才三年时间的隋少春,被破格评为航空工业成飞"十佳青年"。这项三年才评选一次的荣誉,原本只针对工龄满三年的青年员工。

10多年时间里,隋少春亲历了中国航空事业发展的多个"里程碑时刻"。"很幸运,我们是亲历者,也是见证者,这是我一生宝贵的财富。"

其中一个"里程碑时刻"在2020年1月29日。那天,我国在世界金属切削领域的首个国际标准——S形试件正式对外发布,中国人第一次在这一领域有了话语权。隋少春是团队里的重要一员。

作为工业母机的五轴联动机床,其制造技术和精度检测标准长期被欧美垄断。然而此时的检测国际标准已不能满足航空工业对机床精度检测的要求。

"项目研制是我们最大的政治,决不能因这个原因影响项目研制。"这是隋少春内心深处的坚定信念。在这个背景下,他果断提出将公司S形试件申请国际标准。

他随后开启了挑战"国际权威"的征程,带领团队对S形试件进行大量分析和试验。一路摸索，一路前行，他们先后解决了原S形试件存在的数学定义、编程原理误差、奇异区等众多难题。

历经12次国际会议，优化迭代9个版本，S形试件正式成为国际标准，实现了我国在这一领域国际标准"零"的突破，极大提升了我国在高端机床制造领域的国际影响力和话语权，也赢得了国际同行的敬重，一些外国专家甚至把S形试件称为"中国龙试件"。

然而，隋少春并没有就此止步，他带领团队进一步研发了基于S形试件的五轴联动机床精度优化技术，不仅有力支撑了10余种国产五轴联动机床的研发，更保障了新一代航空武器装备的成功研制，为我国带来巨大的经济和社会效益。2021年该技术获"国家科技进步二等奖"。

从慢慢融入到深度参与，从基层工艺员到航空工业首席技术专家、航空工业成飞副总经理，通过一个个重大项目的磨砺，伴随着一架架战鹰的腾飞，隋少春也从一名普通工艺员逐步成长为创新策源的领军者。

他牵头建设全国首批、中西部唯一的国家级"工业软件协同攻关和体验推广中心"，助力航空装备创新生态建设跑出了加速度，更带动了"需求引领、以用带研、以用促产"的工业软件自主研发与应用的良性循环。

他先后培养出国家百千万人才工程、享受国务院政府特殊津贴专家等高层次人才10多名。他牵头建立的"航空智能制造科技创新团队"获评中央企业优秀科技创新团队。

隋少春时刻冲在科技创新的最前线。作为中央企业优秀科技创新团队"航空智能制造科技创新团队"负责人和航空工业成飞技术带头人，他带领团队承担国家科研课题10余项，科研经费高到数亿元。

"百团大战""百博千硕"……他创新搭建揭榜挂帅新平台和人才引进新格局。激励机制的变化带动了航空工业成飞授权专利数量连年大幅增长,一大批自主研发成果已在多个机型上实现工程化应用,大幅提升了战机的研制效率,助推了航空产业高质量发展。

如今,在隋少春主持建设的航空工业成飞智慧管控中心,一条条数据在实时跳动。大到一架飞机,小到一个零件,在这里可以实现对全公司科研生产、经营目标等各方面信息的实时监控、预警,为公司快速决策提供数据支撑,让公司管理更加科学、精准、高效。

除此之外,长期致力于航空数字化制造和智能制造研究的隋少春还牵头建设了"飞机大型复杂结构件数字化车间"。这两项成果已入选中国智能制造十大科技进展,为国家创造了数十亿元的经济产值。

(常庆星　夏文静　王鑫昕)

《中国青年报》(2022年05月06日第01版)

身边榜样：顾冬冬

情系祖国　矢志完成梦想"拼图"

2009年初夏，不到30岁的我在南京航空航天大学读完博士之后，来到德国亚琛工业大学弗劳恩霍夫激光技术研究所，开启了作为"洪堡学者"的研究生涯。

我选择了一项在当时很有挑战性的前沿研究课题——金属基纳米复合材料激光增材制造。即便在十余年后的今天，它仍然是增材制造领域的研究热点。留学两年间，我整天沉浸在实验室里，熟悉各类装备、掌握工艺方法、理解科学原理，向着激光增材制造的国际学术前沿不断迈进。

留学结束后，回到培育我的南航，回归航空航天领域，是我坚定的选择。

我从事的增材制造研究亦称3D打印，就是从点到面再到体去制造三维零件，并赋予它复杂的结构和独特的性能。回归祖国后，我心中的科研创新梦更加丰满且美好。为增材制造的前沿突破贡献中国力量，成为我的理想与目标。

功夫不负有心人。2021年，我们的研究论文《材料—结构—性能一体化激光金属增材制造》登上《科学》杂志，期刊封面以"增材制造的一种综合性策略"加以推介，同期《科学》主编以"跨尺度调控"为题作亮点评述，认为我们的研究"变革了更为整体性的方法来优化金属构件"。

家人为我庆贺时，问我："什么是一体化？"我指了指儿子手里的拼图，笑着说："这就是一体化。"科学、技术、学识、理想、激情、拼搏，这些都是筑梦的要素，是一幅拼图的一个个部分，它们环环相扣、严丝合缝，拼出来的就是梦想的样子。

在我的梦想拼图中，最重要的一块是祖国的需要。祖国的航空航天科技日新月异，我们还有很多事情要做，有很多挑战要面对，有很多难题要攻克。我带着一群有梦想、有干劲的年轻人，正在为此努力：我们研发了激光增材制造高性能铝基复合材料，通过独特的纳米微粒提升构件强韧化水平；建立了稀土改性高强铝激光增材制造工艺调控关键技术，材料比强度比肩钛的性能水平；创新了融合仿生结构和多材料布局的增材制造结构，实现了复杂整体构件多功能化……

我们的研究成果在10余种航空航天型号20多种典型结构制造上应用，获得空军"创新杯"优胜奖、中国航空学会青年科技奖。我培养的一批学生毕业后成长为航空航天企业骨干、技术能手、青年工匠。成果、人才、团队、集体，更多元素让梦想的拼图更加丰满。

2019年，我再次来到德国班贝格，领取德国洪堡基金会颁发的弗劳恩霍夫-贝塞尔研究奖，内心感慨万千。从留学到今天，我的"成绩单"上书写了更多有意义的成果，而这些成绩都有一个响当当的归属——我的祖国。

《光明日报》（2022年05月16日第07版）

二、新时代青年当争做刻苦学习、锐意创新的模范

越是伟大的事业越需要开拓创新

中国青年是实现中华民族伟大复兴的先锋力量

实干兴邦　匠心铸就辉煌

以伟大建党精神激励青年学生争做时代先锋

中国共产党人必然要依靠学习走向未来

> 青年声音

刻苦学习、锐意创新

人民日报评论部

走进北京李大钊故居，感悟"紧跟着中国共产党打破一个旧世界"；回顾新中国建设历程，决心"把青春献给祖国"；感受改革开放生动实践，像前辈那样"争做改革开放的弄潮儿"；见证新时代的历史性成就和变革，誓言"青春向党、不负人民"……共青团中央推出的"青年大学习"主题团课，每周吸引超过5000万人次团员青年参加。广大青年与新时代同向同行，正以刻苦学习汲取智慧、以传承创新勇攀高峰，努力做走在时代前列的奋进者、开拓者、奉献者。

追求进步，是青年最宝贵的特质，也是党和人民最殷切的希望。习近平总书记在庆祝中国共产主义青年团成立100周年大会上，对新时代的广大共青团员提出明确要求，强调"要做刻苦学习、锐意创新的模范，带头立足岗位、苦练本领、创先争优，努力成为行业骨干、青年先锋"。殷殷嘱托，为新时代的广大青年成长成才指明了努力方向。不断提高与时代发展和事业要求相适应的素质和能力，在工作岗位上锐意进取、建功立业，在创新创业中展示才华、服务社会，才能让青春在为党和国家事业不懈奋斗中绽放光彩，成为堪当民族复兴重任的时代新人。

青年的素质和本领直接影响着实现中国梦的进程。勉励青年"努力学习马克思主义立场观点方法，努力掌握科学文化知识和专业技能，努力提高人文素养"，号召青年"把学习作为首要任务，作为一种责任、一种精神追求、一种生活方式"，鼓舞青年"在学习中增长知识、锤炼品格，在工作中增长才干、练就本领"……党的十八大以来，每每与青年人谈心谈话，习近平总书记都勉励青年自觉加强学习，不断增强本领。青年处于人生积累阶段，需要像海绵吸水一样汲取知识。珍惜大好学习时光，求真学问，练真本领，在学习阶段把基石打深、打牢，我国青年一代必将大有可为，也必将大有作为。

梦想从学习开始，事业靠本领成就。新民主主义革命时期，在广泛传播马克思主义过程中，一大批先进青年在"觉醒年代"纷纷觉醒；社会主义革命和建设时期，在向科学进军过程中，青年科学家矢志奉献才智和青春，"把失去的光阴夺回来"；改革开放和社会主义现代化建设新时期，争当新长征突击手、创建青年文明号，青年才俊敢闯敢干、勇立潮头；中国特色社会主义新时代，在科技攻关岗位奋力攀登过程中，年轻的大国工匠在学习琢磨中"让技艺巧到极致"……刻苦学习、锐意创新，是广大青年改变自身命运、实现人生理想的根本途径。让勤奋学习成为青春远航的动力，让增长本领成为青春搏击的能量，广大青年才能当好伟大理想的追梦人、伟大事业的生力军。

青年要成长成才，既要读万卷书也要行万里路，既要多读有字之书也要多读无字之书。习近平总书记曾这样回忆自己的青年时代："当年，我在梁家河插队，实际上就是在上社会大学，向群众学习，向实践学习，那段经历让我受益匪浅。"从哪里最苦最累就出现在哪里的张思德，到团结妇女群众一道参加生产建设的梁军，从扎根大漠潜心石窟考古研究的樊锦诗，到和队友一起勇夺北京冬奥会金牌的武大靖，一代代青年扎根岗位、追求卓越，在火热的实践中绽放青春光华，成就了充实人生。作为新时代的弄潮儿，广大青年要立足岗位、苦练本领、创先争优，努力成为行业骨干、青年先锋，在改革开放和社会主义现代化建设的大熔炉中，在社会的大学校里，掌握真才实学，增益其所不能，努力成为可堪大用、能担重任的栋梁之材。

"百舸争流千帆竞，波涛在后岸在前。"新时代的中国青年，生逢其时、重任在肩，施展才干的舞台无比广阔，实现梦想的前景无比光明。不断学习、不断实践、不断创新，厚积知识、丰富学识、增长见识，在实现民族复兴的赛道上奋勇争先，当代青年一定能用青春的能动力和创造力激荡起民族复兴的澎湃春潮，用青春的智慧和汗水打拼出一个更加美好的中国。

《人民日报》（2022年05月17日第05版）

越是伟大的事业越需要开拓创新

穆 虹

党的十九届六中全会通过的《中共中央关于党的百年奋斗重大成就和历史经验的决议》(以下简称《决议》),将"坚持开拓创新"作为中国共产党百年奋斗积累的十条宝贵历史经验之一,明确指出"创新是一个国家、一个民族发展进步的不竭动力。越是伟大的事业,越充满艰难险阻,越需要艰苦奋斗,越需要开拓创新"。深刻理解和准确把握这一历史经验,对于我们继往开来、推动中国特色社会主义不断走向新的胜利,意义重大而深远。

伟大事业的开创需要开拓创新

鸦片战争以后,中国逐步成为半殖民地半封建社会,中华民族遭受前所未有的劫难。为了拯救民族危亡,中国人民奋起反抗,各种运动接连而起,各种救国方案轮番出台,但都以失败告终。中国迫切需要新的思想引领救亡运动,迫切需要新的组织凝聚革命力量。

十月革命一声炮响,给中国送来了马克思列宁主义,中国共产党应运而生,肩负起实现中华民族伟大复兴的历史使命,中国革命的面目为之焕然一新。然而在建党之初和大革命时期,由于反动势力疯狂镇压，我们党思想理论准备不足、缺乏革命斗争的实践经验，一度简单理解马列主义关于无产阶级革命的一般原理和照搬俄国十月革命城市武装起义的经验，先后受到右倾机会主义和"左"倾教条主义干扰，中国革命遭受到严重挫折。事实证明，在当时的客观条件下，中国共产党人不可能通过首先占领中心城市来取得革命在全国的胜利，党迫切需要找到一条适合中国国情的革命道路。

在中国革命生死关头，毛泽东同志勇于坚持真理、修正错误，通过对革命斗争实践的总结，对中国社会和内外形势的深入调查研究，探索把马克思列宁主义基本原理同中国具体实际相结合，成功开辟了农村包围城市、武装夺取政权的中国革命正确道路，科学回答了中国革命的道路、战略等一系列重大问题。在革命斗争实践中，以毛泽东同志为主要代表的中国共产党人，深刻总结党成立以来的重要经验教训，对经过艰辛探索、付出巨大牺牲积累的一系列独创性成果作了理论概括，创立了毛泽东思想，将其正式确立为党的指导思想，开启了中国共产党独立自主解决中国革命实际问题的新阶段。我们党通过理论创新和实践创新相结合，锻造了理论联系实际、密切联系群众、批评和自我批评三大优良作风，形成统一战线、武装斗争、党的建设三大法宝，明确了夺取新民主主义革命胜利的方向和策略。毛泽东思想是马克思列宁主义在中国的创造性运用和发展，打破了教条主义、经验主义、形式主义束缚，实现了马克思主义中国化的第一次历史性飞跃。

正是在毛泽东思想的指引下，我们党团结带领人民推翻帝国主义、封建主义、官僚资本主义三座大山，夺取了新民主主义革命的伟大胜利，建立了人民当家作主的中华人民共和国，彻底结束了旧中国半殖民地半封建社会的历史，实现了几代中国人梦寐以求的民族独立、人民解放，开启了中华民族发展进步的新纪元。

伟大事业的发展需要开拓创新

新中国成立后，我们党团结带领全国各族人民自力更生、发愤图强，开展了轰轰烈烈的社会主义革命和建设。毛泽东同志创造性提出一系列关于中国社会主义革命和建设的重要论断，进一步丰富和发展了毛泽东思想。党领导人民进行社会主义革命，建立和巩固人民民主专政的国家政权，提出过渡时期的总路线，制定中华人民共和国宪法，确立人民代表大会制度、党领导的多党合作和政治协商制度、民族区域自治制度等政治制度，完成对生产资料私有制的社会主义改造，实现生产资料公有制和按劳分配，建立起社会主义经济制度，实现了中华民族有史以来最为广泛而深刻的社会变革，为当代中国一切发展进步奠定了根本政治前提和制度基础。党领导人民开展社会主义建设，建立起独立的比较完整的工业体系和国民经济体系。这一系列独创性理论成果和巨大成就，为在新的历史时期开创中国特色社会主义提供了宝贵经验、理论准备、物质基础。

"文化大革命"结束后，在党和国家面临向何处去的重大历史关头，以邓小平同志为主要代表的中国共产党人，在党的十一届三中全会上作出把党和国家工作中心转移到经济建设上来、实行改革开放的历史性决策，开启了改革开放和社会主义现代化建设新时期，实现了新中国成立以来党的历史上具有深远意义的伟大转折。党领导和支持开展真理标准问题大讨论，制定《关于建国以来党的若干历史问题的决议》，作出彻底否定"文化大革命"的重大决策，重新确立马克思主义的思想路线、政治路线、组织路线。改革开放是我们党的一次伟

二、新时代青年当争做刻苦学习、锐意创新的模范

大觉醒,孕育了从理论到实践的一系列开拓创新。党从建设我国社会主义的实践和时代特征出发,坚持和发展马克思主义,创立了邓小平理论,形成"三个代表"重要思想、科学发展观,形成中国特色社会主义理论体系,实现了马克思主义中国化新的飞跃。从党的十二大到党的十七大,党把握和平与发展时代主题,坚持"一个中心、两个基本点"的社会主义初级阶段基本路线,坚定不移推进改革开放和社会主义现代化建设,成功开辟了中国特色社会主义道路。通过改革开放的伟大实践,我国实现了从高度集中的计划经济体制到充满活力的社会主义市场经济体制、从封闭半封闭到全方位开放的历史性转变,取得举世瞩目的伟大成就,创造了经济快速发展和社会长期稳定两大奇迹,中华民族大踏步赶上了时代。

党的十八大以来,以习近平同志为主要代表的中国共产党人,立足我国发展新的历史方位、历史阶段、历史任务,创立了习近平新时代中国特色社会主义思想,并将其确立为党和国家必须长期坚持的指导思想。这一思想所蕴含的一系列原创性新理念新思想新战略,是党对中国特色社会主义建设规律认识深化和理论创新的重大成果,实现了马克思主义中国化新的飞跃。以习近平同志为核心的党中央全面审视国际国内新形势,以巨大政治勇气和智慧,统揽伟大斗争、伟大工程、伟大事业、伟大梦想,统筹推进"五位一体"总体布局,协调推进"四个全面"战略布局,以伟大自我革命引领伟大社会革命,实现了改革发展稳定的有机统一。党的十八届三中全会确定全面深化改革的总目标是完善和发展中国特色社会主义制度、推进国家治理体系和治理能力现代化,实现了改革从局部探索、破冰突围到系统集成、全面深化的转变,完成了一系列体制机制创新,开创了改革开放全新局面。经过奋力开拓、锐意进取,我们党团结带领人民战胜一系列重大

风险挑战，在中华大地上全面建成了小康社会，历史性地解决了绝对贫困问题，解决了许多长期想解决而没有解决的难题，办成了许多过去想办而没有办成的大事，党和国家各项事业取得历史性成就、发生历史性变革，彰显了中国特色社会主义的强大生机活力，为实现中华民族伟大复兴提供了更为完善的制度保证、更为坚实的物质基础、更为主动的精神力量。中华民族迎来了从站起来、富起来到强起来的伟大飞跃。

党的百年奋斗实践表明，推进中国革命、建设、改革事业，实现中华民族伟大复兴，是一个接续奋斗的历史过程，走的是前人没有走过的道路，没有现成经验可以照搬，中国的实际问题必须靠我们党独立自主来解决。面对不同历史时期的背景条件、主要任务和社会主要矛盾，只要我们坚持党的领导，坚持解放思想、实事求是的思想路线，敢破敢立、敢闯敢斗，开拓创新、锐意改革，以创新为不竭动力，就能够披荆斩棘、勇往直前，战胜任何艰难险阻和风险挑战，不断把伟大事业推向前进。

伟大事业的未来需要开拓创新

现在，全面建设社会主义现代化国家新征程已经开启。前进道路上，还会有许多可以预料和难以预料的艰难险阻，还将进行许多具有新的历史特点的伟大斗争。习近平总书记强调，开拓创新"永远是中国共产党人应该具有的历史担当"。我们要统筹中华民族伟大复兴战略全局和世界百年未有之大变局，始终挺立时代潮头，胸怀"国之大者"，把开拓创新作为一种常态，坚持一切从实际出发，保持锐意创新的勇气、敢为人先的锐气、蓬勃向上的朝气，以新作为开创新局

二、新时代青年当争做刻苦学习、锐意创新的模范

面,奋力开拓中国特色社会主义更加广阔的光明前景。

继续推进实践基础上的理论创新。习近平总书记强调:"理论的生命力在于创新。"只有与时俱进地丰富和发展马克思主义,才能更好坚持马克思主义。我们党之所以能够领导人民干革命、搞建设、抓改革、促复兴,克服各种艰难险阻、战胜各种风险挑战,根本在于坚持解放思想、实事求是、与时俱进、求真务实,把马克思主义基本原理同中国具体实际相结合、同中华优秀传统文化相结合,不断推进马克思主义中国化时代化。习近平新时代中国特色社会主义思想是当代中国马克思主义、二十一世纪马克思主义,是马克思主义中国化最新成果。站在新的历史起点上,必须坚持以习近平新时代中国特色社会主义思想为指导,用新理论指导新实践,勇于结合新实践不断推进理论创新,更好体现时代性、把握规律性、富于创造性,不断开辟马克思主义新境界。

继续以开拓创新推进国家治理体系和治理能力现代化。习近平总书记强调:"实现中华民族伟大复兴,必须合乎时代潮流、顺应人民意愿,勇于改革开放,让党和人民事业始终充满奋勇前进的强大动力。"改革只有进行时,没有完成时,要将改革进行到底。站在新的历史起点上,必须坚持守正和创新相统一,以坚持和完善中国特色社会主义制度、推进国家治理体系和治理能力现代化为主轴,不断推动全面深化改革向广度和深度进军,坚决破除传统观念和利益固化羁绊,把改革重点放到系统集成、协同高效上来,提升改革综合效能,固根基、扬优势、补短板、强弱项,着力推进创造性引领性改革,推动各项制度更加成熟更加定型,永葆中国特色社会主义制度的旺盛生机活力。

继续将开拓创新作为引领各领域发展的动力。习近平总书记强调:

"抓创新就是抓发展，谋创新就是谋未来"。从全球范围看，新一轮科技革命和产业变革迅猛发展，科学技术越来越成为推动经济社会发展的主要力量，创新驱动是大势所趋。站在新的历史起点上，必须围绕建设社会主义现代化强国目标，紧扣社会主要矛盾变化，立足新发展阶段，完整、准确、全面贯彻新发展理念，深刻把握高质量发展要求，把创新摆在国家发展全局的核心位置，推动以科技创新为核心的全面创新，形成以创新为主要引领和支撑的经济体系和发展模式，加快构建新发展格局，持续推进质量变革、效率变革、动力变革，着力解决发展不平衡不充分问题，促进共同富裕，激发和尊重基层首创精神，调动全社会创新热情，为实现第二个百年奋斗目标和中华民族伟大复兴的中国梦提供更为坚实的支撑。

百年大党，千秋基业，其命维新，其志惟坚。《决议》对党百年奋斗的重大成就和历史经验作出了全面精辟的回顾总结，对不忘初心、牢记使命，在新时代继续推进伟大事业提出明确要求。只要我们顺应时代潮流，回应人民要求，把握历史主动，勇于改革、开拓创新，准确识变、科学应变、主动求变，永不僵化、永不停滞，就一定能够创造出更多令人刮目相看的人间奇迹。

《人民日报》（2021年12月23日第09版）

二、新时代青年当争做刻苦学习、锐意创新的模范

中国青年是实现中华民族伟大复兴的先锋力量

郑长忠

五四运动以来,百年风云际会,中国青年英才辈出。中国青年以远大理想抱负、深厚家国情怀,勇于担当,不懈奋斗,为实现中华民族伟大复兴贡献青春力量。中国共产党的领导使中国青年能够有效组织起来,为中国青年在实现中华民族伟大复兴的进程中担当历史重任提供了政治和组织保证。新时代中国青年既面临着难得的建功立业的人生际遇,也面临着"天将降大任于斯人"的时代使命,要继续发扬五四精神,不辜负党的期望、人民期待、民族重托,不辜负我们这个伟大时代。

习近平同志在纪念五四运动100周年大会上的重要讲话指出,"五四运动以来的100年,是中国青年一代又一代接续奋斗、凯歌前行的100年,是中国青年用青春之我创造青春之中国、青春之民族的100年。""实践充分证明,中国青年是有远大理想抱负的青年!中国青年是有深厚家国情怀的青年!中国青年是有伟大创造力的青年!无论过去、现在还是未来,中国青年始终是实现中华民族伟大复兴的先锋力量!"这是对中国青年的充分肯定、深情寄语和殷切期望。新时代,广大青年要发扬五四精神,以实现中华民族伟大复兴为己任,把个人理想融入民族复兴伟大理想和中国特色社会主义思想,担负起时

代赋予的光荣使命，奏响新时代的青春之歌。

中国青年在民族复兴进程中成为先锋力量

中华民族在长期的历史发展中创造了举世瞩目的文明成就，为人类文明发展作出了巨大贡献。但1840年鸦片战争以后，中国开始一步步沦为半殖民地半封建社会，中华民族面临救亡图存的历史重任。从那时起，实现中华民族伟大复兴就成为中华民族最伟大的梦想，而中国青年始终是实现中华民族伟大复兴的先锋力量。

青年是整个社会力量中最积极、最有生气的力量。1919年爆发的五四运动，就是一场以先进青年知识分子为先锋、广大人民群众参加的彻底反帝反封建的伟大爱国革命运动。五四运动，以彻底反帝反封建的革命性、追求救国强国真理的进步性、各族各界群众积极参与的广泛性，推动了中国社会进步，促进了马克思主义在中国的传播，促进了马克思主义同中国工人运动的结合，为中国共产党成立做了思想上干部上的准备，为新的革命力量、革命文化、革命斗争登上历史舞台创造了条件，是中国旧民主主义革命走向新民主主义革命的转折点，在近代以来中华民族追求民族独立和发展进步的历史进程中具有里程碑意义。先进青年知识分子能在这样一场具有里程碑意义的伟大爱国革命运动中成为先锋力量，深刻表明中国青年为了改变国家和民族的前途命运、为了实现中华民族的伟大复兴，肩负起了自己的责任。

毛泽东同志1939年在《青年运动的方向》一文中指出，"'五四'以来，中国青年们起了什么作用呢？起了某种先锋队的作用，这是全国除开顽固分子以外，一切的人都承认的。什么叫做先锋队的作用？就是带头作用，就是站在革命队伍的前头。"五四运动以来的100年，中国青年运动总是围绕实现中华民族伟大复兴每一历史阶段的中心任务深入展开，广大青年又在参与革命、建设、改革的过程中实现自身发展。百年风云际会，中国青年英才辈出。中国青年以远大理想抱负、深厚家国情怀，勇于担当，不懈奋斗，把最美好的青春献给祖国和人民，为实现中华民族伟大复兴贡献青春力量，谱写了一曲又一曲壮丽的青春之歌。

坚持党的领导是中国青年成为先锋力量的根本保证

实现中华民族伟大复兴，必须有一个坚强的领导核心，把包括青年在内的广大人民组织起来。1921年，中国共产党成立。从此，实现中华民族伟大复兴就有了坚强的领导核心。对于中国青年运动来说，坚持党的领导使中国青年能够有效组织起来，为中国青年在实现中华民族伟大复兴的进程中担当历史重任提供了政治和组织保证。

坚持党的领导使中国青年运动始终与民族复兴伟业同频共振。中国青年能否围绕民族复兴进程中每一历史阶段的中心任务发挥作用，不仅关系到中国青年能否为中华民族伟大复兴贡献青春力量，而且直接影响中国青年自身能否健康发展。中国共产党是先进的马克思主义政党，自诞生之日起就义无反顾肩负起实现中华民族伟大复兴的历史使命。为了实现中华民族伟大复兴，中国共产党将长期目标和阶段性任务有机统一起来，同时以严密的组织性和纪律性确保每一个阶段任务的落实。中国共产党成立后，中国青年运动就在党的领导下顺利发展，围绕中华民族伟大复兴每一历史阶段的中心任务而有效展开，始终与民族复兴伟业同频共振，从而保证了中国青年运动的正确方向和中国青年先锋力量的充分发挥。

坚持党的领导使中国青年运动有了组织和制度保证。如果说五四运动让中国青年展现出先锋力量，那么，在中国共产党领导下，中国青年的这种先锋力量得到了最大程度的发挥。共青团是党的助手和后备军，是党的青年工作的重要力量。我们党通过共青团把广大青年组织起来，为青年成为先锋力量奠定了组织基础、提供了制度保障。长期以来，共青团发扬"党有号召、团有行动"的优良传统，为党争取青年人心、汇聚青年力量，在革命、建设、改革各个历史时期作出了积极贡献、发挥了重要作用，使中国青年在民族复兴进程中都能有组织地参与每一历史阶段的中心工作，为民族复兴持续稳定地发挥作用、贡献力量，并不断促进青年自身的健康发展。

坚持党的领导使中国青年运动与人民群众的伟大实践有机结合起来。历史是人民创造的，人民是真正的英雄。任何事业一旦脱离了人民、忽视了人民，就无法获得成功。中国青年是实现中华民族伟大复兴的先锋力量，其背后则是广大人民群众的支持。青年运动只有与人民群众的伟大实践相结合，才能保持正确方向、发挥重要作用。中国共产党一直强调青年运动必须与人民群众的伟大实践相结合，并在不同历史时期通过有效举措使中国青年运动融入人民群众的伟大实践，使广大青年始终同人民一道为实现中华民族伟大复兴而奋斗。

新时代呼唤中国青年担当起民族复兴大任

一代人有一代人的长征，一代人有一代人的担当。当前，中国特色社会主义进入新时代，中国人民拥有前所未有的道路自信、理论自信、制度自信、文化自信，中华民族伟大复兴正展现出前所未有的光明前景。习近平同志强调，"新时代中国青年运动的主题，新时代中

二、新时代青年当争做刻苦学习、锐意创新的模范

国青年运动的方向,新时代中国青年的使命,就是坚持中国共产党领导,同人民一道,为实现'两个一百年'奋斗目标、实现中华民族伟大复兴的中国梦而奋斗。"新时代中国青年要继续发扬五四精神,以实现中华民族伟大复兴为己任,不辜负党的期望、人民期待、民族重托,不辜负我们这个伟大时代。

国家的希望在青年,民族的未来在青年。今天,我们比历史上任何时期都更接近、更有信心和能力实现中华民族伟大复兴的目标,新时代中国青年既面临着难得的建功立业的人生际遇,也面临着"天将降大任于斯人"的时代使命。担当起民族复兴大任并不是一件容易的事。广大青年只有深入学习贯彻习近平同志对新时代中国青年提出的六点希望,树立远大理想,热爱伟大祖国,担当时代责任,勇于砥砺奋斗,练就过硬本领,锤炼品德修为,不断锻炼自己、提高自己、完善自己,才能担当起民族复兴大任。

青年不断成长成才、担当起民族复兴大任,离不开党和政府的引领、关心、支持。我们党自成立之日起,就始终把青年工作作为党的一项极为重要的工作,积累了十分宝贵的经验。新时代,各级党委和政府、各级领导干部以及全社会都要做好青年工作,主动走近青年、倾听青年,做青年朋友的知心人;真情关心青年、关爱青年,做青年工作的热心人;悉心教育青年、引导青年,做青年群众的引路人。共青团作为党的青年工作的重要力量,必须认真履行引领凝聚青年、组织动员青年、联系服务青年的职责,不断创新工作思路,增强对青年的凝聚力、组织力、号召力,团结带领新时代中国青年在实现中华民族伟大复兴中国梦的进程中不断开拓创新、奋发有为。

(《人民日报》2019年05月07日第09版)

实干兴邦　匠心铸就辉煌

鲁明川

2020年11月，习近平总书记在全国劳动模范和先进工作者表彰大会上强调，要大力弘扬"执着专注、精益求精、一丝不苟、追求卓越的工匠精神"。党的十九届五中全会明确提出"弘扬科学精神和工匠精神"。我国自古就有尊崇和弘扬匠人精神的优良传统。新中国成立以来，党和国家一直重视工匠精神的培育和践行，并在社会主义现代化建设实践中不断丰富其内涵。在实现"两个一百年"奋斗目标的历史交汇期，面对新一轮产业革命、科技革命，传承和弘扬工匠精神，能够为实现制造强国和质量强国目标、全面建设社会主义现代化国家汇聚实干兴邦的磅礴力量。

执着专注：咬定青山不放松，笃定职业理想和初心，体现情感与意志的统一

执着专注是工匠最显著、最可贵的行为特质，体现的是工作者的敬业精神。荀子说："锲而舍之，朽木不折；锲而不舍，金石可镂。"业精于一，只有执着专注于自己所专攻的术业，不泄劲，有心劲，几十年如一日地努力，才能成就一番事业。正是坚守"一生只做好一件

事"的职业信念,优秀的工匠们才能在自己的职业岗位上持续发力。

执着专注体现的是脚踏实地的实干精神。任何行业的高超技艺都不可能靠运气取得,只有倾注心血靠刻苦钻研才能增长实力,只有慎终如始,坐得住,守得牢,才能做得好。实干兴邦,实现社会主义现代化的宏伟目标离不开务实肯干、干一行爱一行的现代工匠群体的奋斗和奉献。大国工匠毛腊生40年只做了一件事——读懂沙子,铸好导弹。在俗称"翻砂"的岗位上,只有初中文化水平的他通过孜孜不倦的学习和埋头苦干,在产品技术改进和研发上屡建奇功,成为我国铸造业的一面旗帜。大国工匠高凤林,30多年如一日从事火箭发动机喷管焊接工作,为练就一双"金手",吃饭时会不自觉地用筷子比画焊接动作,端着茶缸喝水时就有意识地练习动作的稳定性,这种一门心思忘我工作的状态,生动诠释了执着专注的工匠精神。

执着专注源于对职业理想和初心的坚守。持续的工作热情必然源自内在的精神动力。一时兴起,不可能将工艺做到极致,只有热爱本职工作,坚持职业理想,才能投入整个身心,以"拼命三郎"的韧劲实现厚积薄发。千万现代工匠坚守职业理想和初心,满怀产业报国之情,才能扬起高质量发展之帆,筑起强国之梦。石油铁人杨海军,扎根塔克拉玛干沙漠30多年,只为"擒出"地层深处的"气龙""油龙"。他说:"只有荒凉的沙漠,没有荒凉的人生。我愿做驻守沙海的'海军'。"能取得如此骄人业绩,源自他30多年始终坚守职业理想和初心。

精益求精:没有最好只求更好,极致技艺打造精品力作,体现技术与艺术的统一

精益求精体现的是工匠对品质的毕生追求。匠者,精湛极致也。

《诗经》中的"如切如磋,如琢如磨",反映的就是古代工匠在切割、打磨、雕刻玉器时精益求精、反复琢磨的工作态度。优秀的工匠从不满足于已有的产品质量,总是不断寻求技艺突破和品质提高,追求从99.9%到99.99%的进步。在生产实践中,精益求精是工匠不断打磨产品、精雕细琢、力求完美的过程,是他们追求"没有最好只求更好"的具体表达。

精益求精追求的是道技合一、循美至善的境界。工匠活动集生产与创造、实用与审美、技术与艺术于一体,工匠在手工劳动或技术实践中,也将自己的审美融入产品生产之中,随着技术熟练程度的提高,逐渐达到心手合一、心物相通的境界,使工匠劳动不仅是一种物质性生产活动,更成为一种艺术性生产和展示活动,技术和艺术在工匠追求精益求精的过程中,实现了相融相通。孟剑锋是北京工美集团的一名錾刻工艺师,他在厚度只有0.6毫米、横截面2.5平方毫米的银片上,经过百万次的精雕细琢,雕刻出每道细纹只有0.07毫米的纯银丝巾。在北京APEC会议上,各国领导人对此叹为观止。《大国工匠》制片人岳群说:"孟剑锋无法容忍机械制造带来的细小砂眼,也不愿违背纯手工的诺言。即使右手被烫出大泡、起了厚厚的茧,也丝毫没有动摇精益求精、不断超越与追求极致的决心。"

精益求精是我国建设制造强国的基本要求。制造业是国民经济的主体,是立国之本、兴国之器、强国之基。精益求精是以制造业为主的现代工业发展进步的关键所在。新中国成立以来,我们党在带领人民进行社会主义现代化建设的进程中,传承和弘扬精益求精的精神,取得了"两弹一星"、载人航天等重大成就。当前,建设制造强国,必须继续弘扬精益求精的精神,不断培养"大国工匠"。顾秋亮是蛟龙号载人潜水器装配钳工技师,在48年工作生涯里不断追求极致,仅凭双手捏捻搓摸和观察，就能判断0.2丝的误差，相当于一根头发丝的五十分之一，成为深海载人潜水器领域唯一能实现这个精密度的工匠。80后工匠陈亮，经他手制作出的工业模具，精度可控制在1微米之间，他给自己制定了一条工作准则："再仔细一点点，离一微米的精度就能更近一点点。"这些追求极致的劳动者，将精益求精内化于心、外化于行，书写出中国制造的辉煌篇章。

一丝不苟：偏毫厘不敢安，认真严谨铸就不凡，体现过程与目标的统一

工匠从细处着眼，于小处见大，一丝不苟体现的是他们对工作的尊重。一丝不苟认真细致的工作态度，对产品的质量乃至一个行业的发展都意义非凡。在细节上没有终点，细节和精度决定了产品最终的成败，1%的疏忽大意就可能导致100%的失败，只有把每一道工序、每一个步骤、每一个环节认认真真、扎扎实实做好、做实、做到位，才能让产品和项目趋于完美。工匠保持一丝不苟的严谨状态，才能对工作细节实现精准把控，为做出精品提供可靠保障。

一丝不苟体现了高度负责、敢于担当的职业道德。工匠的一丝不苟，表现在对每一个数字和标准的严格要求，对"毫厘"的斤斤计较，实质是对工作的高度负责和敢于担当。航天科技集团铣工李峰，高倍显微镜下手工精磨刀具，即使5微米的公差也要"执拗"返工。中国能源建设集团陈远春，数十年累计完成各类爆破任务1.5万余次，保持零事故率的骄人纪录，他每次爆破前都反复提醒自己："细节，细节，除了细节，还是细节。"

一丝不苟是注重品牌、塑造品牌的现实行动。优秀的民族品牌是

国家实力和国家形象的重要体现。当今世界，品牌的竞争日益激烈。中国制造要实现由"大"至"强"的转变，必须打造一大批有国际影响力和竞争力的民族品牌。品牌离不开品质，品质的提升离不开各行各业劳动者一丝不苟的努力。正是千千万万劳动者一丝不苟做好产品的现实行动，才使得优秀民族品牌不断涌现，走出国门、走向世界。中国商飞上海飞机制造有限公司钳工胡双钱说："每个零件都关系着乘客的生命安全。确保质量，是我最大的职责。"在国产大飞机C919研发和试飞阶段，他担任首席钳工，经手的零件无一出现差错。大飞机作为"国家名片"，是中国制造强国的重要体现。胡双钱等一大批"大国工匠"，用一丝不苟铸就了举世瞩目的伟大。

追求卓越：匠心独运求创新，永立行业前沿和顶峰，体现守正与创新的统一

追求卓越是工匠的职业价值旨归。工匠们一生追求卓越，是为了在行业保持顶尖水平。无论是在传统农耕社会，还是现代工业化时代，扎实的专业知识、精湛的专业技艺都是工匠安身立命之根本，不断超越自我、勇攀行业顶峰是工匠的毕生职业追求。

正是千千万万个追求卓越的中国工匠在各个岗位上勇攀高峰，推动中国在高铁、桥梁建设等领域迈进世界前列。高铁领域的技师李万君为了解决直径20厘米的圆形环口焊接难题，经过千万次实验和尝试，不仅解决了难题，而且创造了"标准参数"，掌握了"一枪焊完"的绝活儿。凭借勤学苦练，只上过一年多初中的许振超从普通码头工人成长为"桥吊专家"，是码头上人人知晓的"许大拿"，他常说："在工作岗位上，干就干一流，争就争第一，拼命也要创出世界

集装箱装卸名牌，为企业增效，为国家争光。"

追求卓越需要创新驱动，创新是新时代工匠精神的灵魂。传统工匠强调继承，现代工匠更重视在继承基础上的创新。当前，人类正迈进智能化时代，人工智能技术与制造业加速融合，新一代智能制造将成为新一轮工业革命的核心驱动力。智能制造是人工智能、大数据、云计算、物联网、5G等信息技术与3D打印等先进制造技术的融合发展和集成创新，这种新型工业生产方式对工匠技艺提出了更高的要求。作为第四次工业革命的主要参与者，智能制造也是我国产业升级的重要突破点，这对工匠的创新能力和创新水平提出了更高要求。新时代的工匠只有在创新中才能实现追求卓越的目标，勇于创新、善于创新是新时代工匠精神的灵魂。中车戚墅堰所首席技能专家刘云清认为，"创新就是要不满足于完成基本的工作，要在此之外做个有心人和用心人，注重在工作中总结、思考和提高"。不断追求创新的刘云清，从一名中专毕业的机械设备维修工成长为中国高铁的"智能设备制造专家"，不仅实现了个人进步，更为中国智造的创新发展贡献了一份力量。

《光明日报》（2021年02月10日第08版）

以伟大建党精神激励青年学生争做时代先锋

魏晓燕

在庆祝中国共产党成立100周年大会上,习近平总书记首次提出并精辟概括了"坚持真理、坚守理想,践行初心、担当使命,不怕牺牲、英勇斗争,对党忠诚、不负人民"的伟大建党精神,强调伟大建党精神是中国共产党的精神之源,要求永远把伟大建党精神继承下去、发扬光大。回顾百年党史,党在百年砥砺奋进中始终把青年视为党和人民事业的先锋和希望。党的先进性和人民性与青年的先锋作用和奋斗风采在中国革命、建设和改革的不同历史时期交互激荡。青年是国家和民族的未来与希望,我们党历来高度信任、重视和关怀青年,始终坚持把代表、赢得和依靠青年作为一项极为重要的工作,注重发挥青年在党和人民事业发展中的生力军和先锋作用。

以伟大建党精神激励广大青年学生坚持真理、坚守理想,筑牢信仰之基

伟大建党精神昭示了中国共产党对马克思主义真理的坚持和对共产主义远大理想、中国特色社会主义共同理想的坚守。广大青年始终是实现民族复兴的先锋力量,青年有信仰和理想,国家和民族就有前

途和希望，实现第二个百年奋斗目标和实现中华民族伟大复兴就有源源不断的青春力量。

马克思指出："一个时代的精神是青年代表的精神。"中国共产党自诞生之日起，就是一个有着浓厚青年色彩和青年精神的马克思主义政党。毛泽东参加党的一大时是28岁；周恩来加入中国共产党时是23岁；邓小平加入旅欧中国少年共产党时是18岁；方志敏加入中国共产党时是25岁。一百年前，一群平均年龄只有28岁的青年代表高举马克思主义的旗帜，抱着"为有牺牲多壮志，敢教日月换新天"的决心，创建了中国共产党。在中国共产党的领导下，一代代青年先锋以青春之我，创青春之国家和青春之民族，在民族复兴的历史洪流中谱写了一曲曲开天辟地和惊天动地的青春乐章。截至2021年6月，中国共产党党员总数达到9514.8万名。其中，35岁及以下党员共有2367.9万名，占总数之比达24.9%。百年来，我们党之所以能够团结带领广大青年和人民取得革命、建设和改革的伟大胜利，就是因为有着坚定的信仰和理想信念。习近平总书记指出，"青年时代树立正确的理想、坚定的信念十分紧要"。青年学生正处于世界观、人生观和价值观形成的关键时期，"这个时候阳光水分跟不上，就会耽误一季的庄稼"。因此，要以伟大建党精神激励青年学生坚持真理、坚守理想，深入学习贯彻习近平新时代中国特色社会主义思想，筑牢信仰之基，扣好人生的第一粒扣子。

以伟大建党精神激励青年学生践行初心、担当使命，展开追梦之翅

中国梦是国家的梦，是民族的梦，也是包括广大青年在内的每个

中国人的梦。筑梦新时代，奋斗正青春。实现中华民族伟大复兴的中国梦，青年既生逢其时，又重任在肩。青年学生既是追梦者，又是圆梦人。对于实现第二个百年奋斗目标而言，他们更是其中的骨干和栋梁。

只有重视青年才能赢得未来。党的十八大以来，习近平总书记高度重视和关心青年学生，多次走进青年学生群体，先后赴中国科学院大学、中南大学、国防科技大学、北京大学、清华大学、北京师范大学、中国政法大学、暨南大学、南开大学和内蒙古大学等高校，通过见面、讲话、座谈和致信等方式与青年学生互动，对新时代青年学生寄予殷切希望。

伟大建党精神是中国共产党这样一个使命型政党不忘初心、牢记使命，从一个胜利走向另一个胜利的精神密码。伟大建党精神凝结着中国共产党人的初心使命，凸显了中国共产党的政治本色。青年学生要成为实现中华民族伟大复兴的生力军和时代先锋，肩负起国家和民族的希望，就必须既要有信仰和理想领航，又要有本领和意志支撑。梦想从学习开始、事业靠本领成就。因此，要以伟大建党精神激励青年学生践行初心、担当使命，展开追梦之翅，在勤奋钻研中掌握科学知识和方法，在创新创业中增长智慧和才干，在社会实践中磨砺能力和本领，在思考探索中辨明方向，将个人的所作所为上升到对党、国家和人民负责的高度，在新的征程上践行"请党放心，强国有我"的铮铮誓言。

以伟大建党精神激励青年学生不怕牺牲、英勇斗争，砥砺奋斗意志

梦想不会轻轻松松就能实现，民族复兴的使命要靠奋斗来实现，

人生理想的风帆也要靠奋斗来扬起。实现中华民族伟大复兴的中国梦，需要一代代中国人，尤其需要一代代青年矢志奋斗。

艰苦奋斗不仅是中华民族的优良传统，也是中国青年的底色要求。李大钊指出，青年之文明，奋斗之文明也。五四运动以来，中国青年一代又一代接续奋斗、砥砺前行，在危亡之际浴血奋战，在危难关头奋不顾身，在本职岗位敬业奉献，书写了一份份勇于担当的奋斗答卷。

新时代既赋予了青年学生更多的平台和机遇，也提出了更高的要求和担当。我们越是接近中华民族伟大复兴，越是需要付出更为艰苦的奋斗拼搏。因此，要以伟大建党精神激励青年学生不怕牺牲、英勇斗争，砥砺奋斗意志，不做过客和看客，拒绝"佛系"和"躺平"，勇挑重担、勇斗风险，为民族复兴铺路架桥，为祖国建设添砖加瓦。

以伟大建党精神激励青年学生对党忠诚、不负人民，厚植爱党爱国爱民情怀

青年学生是中国特色社会主义事业的建设者和接班人，是与新时代同向同行、共同前进的一代，肩负着实现第二个百年奋斗目标和中华民族伟大复兴中国梦的历史使命。青年学生应积极响应党的号召，胸怀祖国和人民，奉献社会，投身到坚持和发展中国特色社会主义的伟大实践中来。

办好中国的事情，关键在党。中国共产党的领导是中国特色社会主义最本质的特征，是中国特色社会主义制度的最大优势。党的事业离不开青年的"加盟"和支撑，青年的成长更离不开党的培养和引领。青年学生要厚植爱党情怀，热爱和拥护中国共产党，把对党的忠

诚和热爱牢记于心、落实于行，自觉坚持党的领导，听党话、感党恩、跟党走。爱国情怀是一种最深层、最根本和最永恒的情怀。爱国主义是中华民族精神的核心。热爱祖国是青年学生的立身之本和成才之基。爱国情怀不能仅仅停留在口号上，而要落实到具体行动中，要把个人的理想与祖国的前途、把自己的人生与民族的命运紧密联系在一起，与时代共奋进、与祖国共发展。爱民情怀就是要站稳人民立场。青年学生要厚植爱民情怀，在服务群众中不断奋进，为满足人民日益增长的美好生活需要不懈奋斗。青年学生只有同人民一起奋斗，青春才能亮丽；只有同人民一起前进，青春才能昂扬；只有同人民一起逐梦，青春才能无悔。

回顾百年党史，可以发现这既是一部代表、赢得和依靠青年的"青春史书"，也是一曲信任、重视和关怀青年的"青春赞歌"。一代代青年在党的旗帜引领下，前赴后继，把青春奋斗融入党和人民事业之中，成为实现中华民族伟大复兴和铸就中国共产党人精神谱系的先锋力量。在踏上全面建成社会主义现代化强国的第二个百年奋斗目标的征程中，在推进党史学习教育走实走深的过程中，以伟大建党精神武装青年学生头脑，教育、引导和激励青年学生争做时代先锋，肩负起实现第二个百年奋斗目标和实现中华民族伟大复兴的历史重任，具有重要而深远的意义。我们要以伟大建党精神激励青年学生对党忠诚、不负人民，继续发扬五四精神，牢记"国之大者"，厚植爱党爱国爱民情怀，以实现中华民族伟大复兴为己任，书写不负党的期望、国家的重托和人民的期待，不负时代和韶华的青春华章。

《光明日报》（2021年09月24日第06版）

中国共产党人必然要依靠学习走向未来

孙　迪　刘荣刚

习近平总书记指出:"中国共产党人依靠学习走到今天,也必然要依靠学习走向未来。"中国共产党是一个重视学习、善于学习的政党。梦想从学习开始,事业从实践起步。习近平总书记在不同场合反复强调要坚持学习,并围绕为什么学、学什么、向谁学、怎样学等一系列问题进行了深入阐释。学习习近平总书记这些重要论述,对我们增强本领、做好工作、走向未来,具有重要意义。

"中国共产党历来重视学习、善于学习"

学习是政党巩固之基、国家兴盛之要、文明传承之途、人生成长之梯。重视学习、善于学习,是中国共产党历经百年沧桑依旧风华正茂的重要原因,是党始终保持先进性和纯洁性、始终走在时代前列的重要保证。

学习是中国共产党独特的精神气质。习近平总书记指出:"中国共产党历来重视学习、善于学习,党领导中国革命、建设和改革的历史就是一部创造性学习的历史。"党从诞生之日起,就以学习立党、兴党、强党。每一个重大转折时期,党总是坚定不移地号召坚持学习、加强学习，向着正确的方向前进；伴随着每一次学习热潮，党和人民事业实现了大发展大进步。从延安整风运动时"改造我们的学习"，到新中国成立之初"必须学会自己不懂的东西"，从改革开放后"全党同志一定要善于学习，善于重新学习"，到党的十八大提出"建设学习型、服务型、创新型的马克思主义执政党"，党始终把加强学习作为关系党和国家事业兴旺发达的战略任务。在学习中，不断解放思想、统一认识，振奋精神、凝聚人心，攻坚克难、推进发展。

学习是建设马克思主义学习型政党的现实需要。习近平总书记多次强调要加快推进马克思主义学习型政党建设。加快建设马克思主义学习型政党，关系党和国家工作的推进、社会主义现代化事业的发展和党执政地位的巩固。习近平总书记举过这样一个例子："现代人才学中有一个理论叫做'蓄电池理论'，认为人的一生只充一次电的时代已经过去，只有成为一块高效蓄电池，进行不间断的、持续的充电，才能不间断地、持续地释放能量。"一个人是这样，一个国家、一个社会、一个政党也是这样。正是基于对时代发展趋势的深刻认识和对自身使命的清醒把握，中国共产党提出建设马克思主义学习型政党的战略任务，以更好地担负起民族复兴的历史重任。

学习是提升思想境界、锤炼道德品行的重要方式。习近平总书记指出："把学习成果转化为不可撼动的理想信念，转化为正确的世界观、人生观、价值观，用理想之光照亮奋斗之路，用信仰之力开创美好未来。"通过学习，广大党员干部加深对理想信念的认识，坚定中国特色社会主义道路自信、理论自信、制度自信、文化自信，勇敢战胜各种重大困难和严峻挑战。国无德不兴，人无德不立。中华民族是重视道德、崇尚修德的民族。修炼道德操守，提升道德境界，最好的途径就是加强学习。党的十八大以来，习近平总书记高度重视社会主义精神文明建设特别是思想道德建设，推动全社会形成崇德向善、见贤思齐、德行天下的浓厚氛围。

学习是克服本领恐慌、提高能力水平的必然要求。党的十八大以来，面对世情、国情、党情的深刻变化，习近平总书记始终把学习作为增强本领、开阔眼界的重要途径。他强调："到了知识经济时代，一个人必须学习一辈子，才能跟上时代前进的脚步。"面对当今世界百年未有之大变局，我们不断遇到新矛盾新问题，知识和能力也随时会出现落后和不足的情况。必须更加崇尚学习、积极改造学习、持续深化学习，不断增强党的政治领导力、思想引领力、群众组织力、社会号召力，不断增强干部队伍适应新时代党和国家事业发展要求的能力，使领导和决策体现时代性、把握规律性、富于创造性，避免陷入少知而迷、不知而盲、无知而乱的困境，克服本领不足、本领恐慌、本领落后的问题，大踏步跟上时代潮流。

"我们的学习应该是全面的、系统的、富有探索精神的"

党的十八大以来，中国特色社会主义进入新时代。中国共产党团结带领中国人民踏上实现"两个一百年"奋斗目标的赶考之路。这条路是波澜壮阔的，是前人没有走过的，其苦难艰辛可想而知。我们要通过锲而不舍的学习战胜艰难险阻。习近平总书记强调："我们的学习应该是全面的、系统的、富有探索精神的，既要抓住学习重点，也要注意拓展学习领域。"

"学习马克思主义基本理论是共产党人的必修课"。马克思主义是我们立党立国的根本指导思想，马克思主义理论是我们做好一切工作的看家本领。习近平总书记强调："要学习马克思主义理论特别是新时代党的创新理论"。"坚持不懈用马克思主义中国化最新成果武装头脑、凝心聚魂,坚定全党马克思主义信仰和共产主义理想,不断提高全党特别是领导干部的理论思维能力和思想政治水平"。

党的十八大以来,以习近平同志为主要代表的中国共产党人对关系新时代党和国家事业发展的一系列重大理论和实践问题进行了深邃思考和科学判断,提出一系列原创性的治国理政新理念新思想新战略,创立了习近平新时代中国特色社会主义思想。这是当代中国马克思主义、二十一世纪马克思主义,是中华文化和中国精神的时代精华,实现了马克思主义中国化新的飞跃。我们必须深入学习习近平新时代中国特色社会主义思想,用马克思主义的立场、观点、方法观察时代、把握时代、引领时代,继续推进马克思主义中国化时代化,坚持正确前进方向、科学把握发展规律、牢牢赢得历史主动。

"学习党的路线方针政策和国家法律法规"。党的路线方针政策和国家法律法规是党的理论、意志、主张在治党治国、执政理政上的具体体现。学习贯彻好党的路线方针政策和国家法律法规,直接关系中国特色社会主义伟大事业的全面推进,关系中华民族伟大复兴中国梦的顺利实现。

习近平总书记明确指出:"学习党的路线方针政策和国家法律法规,这是领导干部开展工作要做的基本准备,也是很重要的政治素养。"党员领导干部必须坚持与时俱进、勤学善思,始终保持对党的路线方针政策的学习热情,坚决贯彻落实党治国理政的路线方针政策,做到不打折扣、不流于形式、不疲于应付,使党的路线方针政策真正落地生根,惠及人民;必须把依法治国摆在更加突出的位置,知法懂法尊法用法,把党和国家工作真正纳入法治化的轨道上来运行,通过法律制度体系的建立和完善来解决当前面临的突出问题和矛盾。

"从历史中汲取更多精神营养"。习近平总书记高度重视知识的力量。他认为，中国共产党之所以始终具有旺盛的生命力，党领导的事业之所以能够不断取得新成就，其中一个重要原因就是我们不断用人类的先进文化知识充实和提高自己。

现代社会是知识社会，知识更新迭代速度越来越快，各类知识体量爆炸式增长。如果我们不努力提高各方面的知识素养，不自觉学习各种科学文化知识，不主动加快知识更新、优化知识结构、拓宽眼界和视野，那就难以增强本领，也就没有办法赢得主动、赢得优势、赢得未来。因此，"经济、政治、历史、文化、社会、科技、军事、外交等方面的知识，领导干部要结合工作需要来学习，不断提高自己的知识化、专业化水平"。

习近平总书记尤其重视历史知识。他强调，在广泛掌握各种知识的同时，"领导干部要多读一点历史，从历史中汲取更多精神营养"。他经常引经用典，讲述历史故事。历史是最好的老师，学习和了解历史，不仅可以拓宽知识面，吸收前人在修身处事、治国理政等方面的智慧和经验，而且可以更加清晰地认识社会活动规律，牢固树立马克思主义的唯物史观。历史知识丰富了，眼界和胸襟就可以大为开阔，精神境界就可以大为提高，思维层次和能力水平就可以提升到一个新境界。

"把中华民族优秀传统文化不断传承下去"。中华优秀传统文化为中华民族提供了生生不息、发展壮大的丰厚滋养，涵养和培育了中华民族的宝贵精神品格和崇高价值追求，激励着中华民族饱尝艰辛而愈加团结，千锤百炼而愈加坚强。习近平总书记指出："中国传统文化博大精深，学习和掌握其中的各种思想精华，对树立正确的世界观、人生观、价值观很有益处。"

中华优秀传统文化是中华民族的突出优势，是我们在世界文化激荡中站稳脚跟的根基。治理好今天的中国，需要对我国历史和传统文化有深入了解，也需要对我国古代治国理政的探索和智慧进行积极总结。要学习好传承好中华优秀传统文化，坚持古为今用，厚植文化自信，努力实现传统文化的创造性转化、创新性发展，使之与现实文化相融相通，共同服务以文化人的时代任务，继续为中华民族伟大复兴凝心聚力铸魂。

"既要向书本学习，也要向实践学习；既要向人民群众学习，向专家学者学习，也要向国外有益经验学习"

习近平总书记指出："既要向书本学习，也要向实践学习；既要向人民群众学习，向专家学者学习，也要向国外有益经验学习。"这"五个向"指明了学习的重要路径，也是习近平总书记个人学习的重要经验。

"向书本学习"。读书是习近平总书记最大的爱好。他说："读书已成为我的一种生活方式。""读书可以让人保持思想活力，让人得到智慧启发，让人滋养浩然之气。"在梁家河7年，他从未放弃过读书，白天揣着书下地干活，晚上回到家点灯夜读，每天坚持学习。在陕北贫瘠的黄土地上，他读书学习，不断思考，最后立下为祖国、为人民奉献自己的信念。习近平总书记非常注重读书方法。他指出："要发扬'挤'和'钻'的精神，多读书、读好书，从书本中汲取智慧和营养。""学习理论最有效的办法是读原著、学原文、悟原理，强读强记，常学常新"。

"向实践学习"。习近平总书记在重视读书的同时，更提倡实干，反对学习和工作中的"空对空"。他曾用战国赵括"纸上谈兵"、两晋学士"虚谈废务"的历史教训告诫党员干部,读书是学习,使用也是学习,并且是更重要的学习。他强调:"要坚持知行合一,注重在实践中学真知、悟真谛,加强磨练、增长本领。"党的十八大到十九大这5年间,习近平总书记到基层考察调研50次、累计151天。正是在一次次的实地调研中,发现问题,解决问题,形成了一系列治国理政的新理念新思想新战略。实践出真知,实践长真才。我们要把实践作为增长才干的根本途径,发扬实干苦干精神,坚持在干中学、在学中干,做到学、思、用贯通,知、信、行统一,不断在解决实际问题的过程中提高运用科学理论和丰富知识的能力。

"向人民群众学习"。习近平总书记在担任河北省正定县委书记期间指出:"我们读了很多书,但书里有很多水分,只有和群众结合,才能把水分蒸发掉,得到真正的知识。"当正定人民回忆起这位年轻的县委书记时,总是想起他虚心向群众请教的场景。党的十八大以来,习近平总书记多次发出向人民群众学习的号召。他谦虚地说:"在人民面前,我们永远是小学生,必须自觉拜人民为师,向能者求教,向智者问策;必须充分尊重人民所表达的意愿、所创造的经验、所拥有的权利、所发挥的作用。"向人民群众学习,就要经常深入实际、深入基层、深入群众,从群众中来,到群众中去,真诚倾听群众呼声,真实反映群众愿望,真情关心群众疾苦,向群众问计,从群众的实践中汲取营养、增长智慧。

"向专家学者学习"。当今社会知识日益专业化,专家学者是各自领域出色的行家里手,对知识、对技术掌握得比较多,对自然、对社会了解得比较深,在推动经济社会发展、推动社会文明进步中发挥着十分重要的作用。习近平总书记强调:"领导干部要主动同专家学者打交道、交朋友，多听取他们的意见和建议。"2020年6月，面对肆虐的新冠肺炎疫情，习近平总书记召开专家学者座谈会，向大家询计问策。他与每一位发言的专家学者交流，并就一些问题深入了解情况，要求有关方面认真研究、科学改进、妥善解决。尊重人才、用好人才，虚心向相关领域专家学习，努力掌握最新专业知识，这是我们干好事业的重要保证。

"向国外有益经验学习"。习近平总书记非常注重与其他民族和国家的交流互鉴。他指出："任何一个民族、一个国家都需要学习别的民族、别的国家的优秀文明成果。"他每到一国，都会谈起对当地文化的理解与认同。在法国谈伏尔泰，在印度谈泰戈尔，在俄国谈车尔尼雪夫斯基……他说自己从这些世界文学名著中"悟出了不少生活真谛"。文明因交流而多彩，文明因互鉴而丰富。在经济全球化、信息社会化的今天，中国同世界各国的互容、互鉴、互通不断加强。习近平总书记强调，中国"不论发展到什么水平都虚心向世界各国人民学习，以更加包容的姿态开阔眼界、开阔思路、开阔胸襟"。中华民族必须继续用宽广视野吸收人类创造的一切优秀文明成果，在开放中博采众长，学习先进理念与经验，勇于实践，敢于创新，探索出最适合自己的现代化路径。

"没有正确方向，不仅学不到有益的知识，还很容易被一些天花乱坠、脱离实际甚至荒唐可笑、极其错误的东西所迷惑、所俘虏。"

学习的原则和方法关乎学习的最终成效。习近平总书记就学习的原则和方法，发表了许多重要论述。

二、新时代青年当争做刻苦学习、锐意创新的模范

"正确把握学习的方向"。学习最首要的是要正确把握学习的方向,这个方向就是马克思主义所指引的方向。习近平总书记指出:"忽视了马克思主义所指引的方向,学习就容易陷入盲目状态甚至误入歧途,就容易在错综复杂的形势中无所适从,就难以抵御各种错误思潮。没有正确方向,不仅学不到有益的知识,还很容易被一些天花乱坠、脱离实际甚至荒唐可笑、极其错误的东西所迷惑、所俘虏。"把握马克思主义所指引的方向,就要坚定政治信仰,坚持共产主义理想和社会主义信念,自觉维护党的团结统一,维护党中央权威,在学习中始终保持清醒政治头脑、高度政治敏锐性和坚定政治立场,坚持马克思主义的立场、观点、方法,更好地推进社会主义现代化事业,巩固党的执政地位。

"通过学习知识,掌握事物发展规律"。习近平总书记强调:"学习就必须求真学问,求真理、悟道理、明事理,不能满足于碎片化的信息、快餐化的知识。要通过学习知识,掌握事物发展规律,通晓天下道理,丰富学识,增长见识。"学习不是蜻蜓点水、浅尝辄止,而是要追求真理、掌握规律。在中国革命、建设、改革各个历史时期,中国共产党运用历史唯物主义,系统、具体、历史地分析中国社会运动及其发展规律,在认识世界和改造世界过程中不断把握规律、积极运用规律,推动党和人民事业取得了一个又一个胜利。我们必须紧密结合新时代新实践,紧密结合思想和工作实际,有针对性地重点学习,多思多想、学深悟透,知其然又知其所以然。只有这样,才能深刻认识和准确把握共产党执政规律、社会主义建设规律、人类社会发展规律,实现中华民族伟大复兴的中国梦。

"学以致用、用以促学、学用相长"。习近平总书记多次强调要学以致用。学习不仅仅是为了认识世界,更重要的是改造世界。他

曾经引述毛泽东的话，阐述学以致用的重要性。他说，延安整风时，毛泽东同志曾批评一些学风不正的人，把马列主义之"箭"拿在手里搓来搓去，连声赞曰："好箭！好箭！"却老是不愿意放出去。学习千万不能夸夸其谈、陷于"客里空"，不能死读书，成为"两脚书橱""蠹书虫"。学了不用，束之高阁，看不到任何学习成效，就等于没学，就谈不上善于学习。我们必须通过学习转变观念、改进作风、指导工作、促进发展，不断提高工作原则性、系统性、预见性和创造性，不断增强自身适应新时代党和国家事业发展要求的能力。

习近平总书记指出："中国要永远做一个学习大国。"今天，我们正在意气风发向着全面建成社会主义现代化强国的第二个百年奋斗目标迈进。在新征程上，我们必须跟上时代的步伐，大兴学习之风，在真学真信中坚定理想信念，在学思践悟中牢记初心使命，在细照笃行中不断修炼自我，在知行合一中主动担当作为，坚持学习、学习、再学习，用大学习增长大智慧，用大学习推动大发展，用大学习开创大事业。

《学习时报》（2022年05月23日第05版）

青年楷模：张文良

设备"医生"，毫厘之间见真章
——沈阳造币有限公司钳工高级技师、机修班班长张文良

作为东北第一家机器工厂，沈阳造币有限公司拥有126年的历史，新中国成立以来所有流通硬币品种都在这里生产过。

硬币的生产对质量、精度要求极高，生产线上的一个零件出现问题，都可能造成大量的废品。沈阳造币有限公司钳工高级技师、机修班班长张文良的日常工作就是负责造币专用设备的维修保养，恢复磨损零件的精度。经他锉削加工的零件平面精度可达到0.002毫米，相当于头发丝直径的1/35。

长年累月，苦练本领

前腿弓，后腿绷，身体自然往前倾，随着锉刀在张文良手中平稳地反复推拉，铁块逐渐变得光滑，达到尺寸精度要求……

今年31岁的张文良，接触钳工这一工种已有14年。2008年他到沈阳职业技术学院求学，2012年就夺得当年"振兴杯"全国青年职业技能大赛冠军。

"锯割、锉削、钻孔，钳工的工作是做减法，过程不可逆，一旦

出现偏差，一个零件就废了。"张文良说，"这项工作没有满分，比的就是谁的精度更高、谁的失误更少。"

锉削精度从 0.01 毫米到 0.005 毫米再到 0.002 毫米，张文良每一次的技术进步背后都是无数次的练习，无数次手上起了水泡又结成老茧。

"夜深人静时，我常常独自一人沉浸在锉刀推拉的'沙沙'声中，我喜欢这种声音。"张文良说，每天成千上万次的锉削、长年累月的练习，让他通过感受手的前后摆动力度，就能判断出每一次锉削掉下了多少切屑。

对张文良来说，钳工是一门技术，更是一种热爱。为了多渠道、全方位提升自己，他积极参加各类技能竞赛，通过大赛的锻炼、高手间的切磋，不断提升自己的技艺。

"即使现在数控机床发达了，仍有很多小的、异形的零件需要单件生产，这时钳工加工的优势就体现出来了。只有不断提高自身的技能水平，才能满足更高精度的匹配要求。"张文良说，"荣誉只属于过去，未来还要脚踏实地、不断奋斗。"

立足岗位，精益求精

作为年轻的班长，张文良所带领的班组平均年龄却超过50岁。"作为班长，只有自己技术过硬，遇到困难带头冲，才能获得团队成员的信任。"张文良说。

刚到沈阳造币有限公司工作时，曾有老师傅跟张文良聊天。"听说你大赛获了好多奖，那你能锉成什么样啊？""锉进0.01毫米没问题。""那你挺厉害！"

技能与实际生产相结合,张文良把大赛中锻炼出来的绝活和对精度的追求施展在工作中。过去,师傅们在抢修仓门卡死问题时,一直按照规定间隙小于0.04毫米来加工磨损的零件,这样虽能满足短时间内的设备运行,但几乎一两个月就要重新修复一次。张文良做班长后,要求将精度提高到0.02毫米,零件加工安装后,至今两年多了,都没有再出现故障。

"一个设备有成百上千个零件,每个零件的精度差一点,累积起来的整体精度就会差很多。相反,每个零件的精度都提升一点,设备的整体效率也会提高很多,可以节约大量的生产成本。"张文良自豪地说,在班组管理中,他将"精度提升一半"作为班组目标,现在他所在的班组已建设成为公司维修"精、准、快"的优秀班组,经他们维修的设备既稳定又高效。

"我们就是设备的'医生',不止于追求设备能用,还要让设备好用、耐用。"张文良说。

创新突破,迎难而上

2019年,张文良劳模创新工作室成立,张文良的主要工作也渐渐转移到生产线的创新改造上。"工作室平均每周都有两三个创新改造,生产线上的每一米几乎都有我们创新改造的痕迹。"张文良说。

随着纪念币不断革新,纪念币生产也需要不断应用新技术。"做钳工只会加工还不够,还要成为懂设计、懂研发的复合型技能人才。"张文良说。实现纪念币包装时同一朝向以便收藏和观赏,一直是包装线上的难题。张文良先后对包装联动线进行了5处改造,通过调整落差、下落角度等参数,加装挡板等零件,成功解决了这一问题。

多年来，张文良先后参与10余项国家重大题材纪念币的研发试验及生产任务，牵头完成10余项重大设备改造项目，解决维修技术难题60余项，设备改进100余项，自主设计及加工零件200余件，"五小创新成果"50余项。

今年6月，张文良正式签约了4名徒弟。"不仅要在自己这一棒跑出成绩，还要把接力棒传递下去，让更多年轻人发光发热。"张文良说。

（胡婧怡）

《人民日报》（2022年08月19日第07版）

二、新时代青年当争做刻苦学习、锐意创新的模范

身边榜样：唐笑宇

勤学苦练，为国多炼"争气钢"

不久前，我荣获第26届"中国青年五四奖章"。作为一名炼钢青年，我觉得特别自豪，暗下决心一定要继续刻苦学习、锐意创新，成为行业骨干、青年先锋。

2008年7月，从北京科技大学冶金专业毕业后，我来到河钢邯钢邯宝炼钢厂，成为一名转炉车间上料工。我不断提升自己，下班后，我还会把白天师傅教的技术、工作中遇到的问题和书本知识放在一起琢磨，这几年看过的书摞起来比我个头还高。

担任炉长的第一年，我带领全班从工艺操作、质量提升等9个方面开展攻关，在全厂12个炼钢小组的综合排名中，全年均为第一名，还创下连续10个月钢水成分不超内控的纪录。

然而，我辞去了炉长职务，专心做工艺技术员。大家不太理解我的"倔脾气"，我却很坚定：我不满足于熟练掌握操作，更希望投入到设备和研发的创新中，为提升整个生产线效率攻坚克难。

那时，生产面临一个问题：少渣法冶炼尚无成功应用于200吨以上大型转炉的先例，勉强应用会导致钢水喷溅、出钢渣泡、成分超标等一系列问题，因此，行业内只能采用转炉炼钢常规冶炼工艺进行生产。

如何提高效率、节省成本又保证生产安全？每天生产中，我记录下各种数据进行分析，有问题及时向专家请教，不断进行石灰配比实验。最终，我成功地用少渣冶炼技术冶炼出了优质合格钢水，将260吨转炉工序灰耗降到每吨钢15公斤，为企业大幅降低了生产成本。

2018年4月10日，我代表中国参加了第十二届模拟炼钢挑战赛世界总决赛，从来自50多个国家的1515名竞争者中脱颖而出，摘得职业组总冠军。那一刻，我感到肩上"锐意创新"的担子更重了，不仅挑起了我的职业理想，更代表了中国工人的精神与形象。

近年来，我和团队还陆续完成了汽车板钢水终点氧含量由712ppm降至约400ppm、汽车板转炉终渣中全铁较旧工艺降低4%等技术难题，仅提高铁元素收得率一项，就多创效1500余万元。我将继续坚持梦想、勤学苦练，以钢铁报国之志，为国家多炼"争气钢"。

《光明日报》（2022年05月16日第07版）

三、新时代青年当争做敢于斗争、善于斗争的模范

坚持敢于斗争　勇于自我革命

依靠顽强斗争打开事业发展新天地

新时代中国共产党斗争精神的内涵

准确把握新时代"坚持敢于斗争"

> 青年声音

敢于斗争、善于斗争

人民日报评论部

　　投身疫情防控和卫生健康事业守护人民生命安全,坚守三尺讲台倾情奉献乡村教育,矢志科技报国攻克技术难关,扎根司法援助、就业帮扶、农业生产、志愿服务等基层一线……近日,20名2021年"最美基层高校毕业生"先进事迹向社会发布,他们身上"不畏艰难险阻,勇担时代使命"的品质赢得网友热烈点赞。青年一代不怕苦、不畏难、不惧牺牲,用臂膀扛起如山的责任,展现出青春激昂的风采,展现出中华民族的希望。

　　坚忍不拔的斗争精神,总能激荡青春蓬勃的力量,激发成长成才的动能。在庆祝中国共产主义青年团成立100周年大会上,习近平总书记对当代青年寄予殷切期望,要求新时代的广大共青团员"做敢于斗争、善于斗争的模范,带头迎难而上、攻坚克难,做到不信邪、不怕鬼、骨头硬"。新时代中国青年处在中华民族发展的最好时期,既面临着难得的建功立业的人生际遇,也面临着"天将降大任于斯人"的时代使命,自觉加强斗争历练,在斗争中学会斗争,在斗争中成长提高,才能成长为堪当民族复兴重任的时代新人。

　　作为整个社会力量中最积极、最有生气的力量,青年是不是敢于斗争、善于斗争，关系国家和民族的前途命运。新时代的中国青年，从来就不怕苦、不畏难，在斗争中绽放着绚丽的青春之花。青年一代冲锋在新冠肺炎疫情防控斗争第一线，参加抗疫的医务人员中有近一半是"90后""00后"；年轻的航天团队逐梦星辰大海，助力我国航天事业实现一个又一个突破；在冬奥赛场上，运动员不畏强手、顽强拼搏、为国争光，创造了我国参加冬奥会、冬残奥会的历史最好成绩……新时代中国青年的斗争精神，就体现在与困难角力、与阻力对垒，战风斗雨、闯关夺隘，克服不利条件去争取胜利，把"不可能"变成"一定能"。

时代呼唤担当，民族振兴是青年的责任。我们从斗争实践中懂得，中国社会发展，中华民族振兴，中国人民幸福，必须依靠自己的英勇奋斗来实现，没有人会恩赐给我们一个光明的中国。当前，世界百年未有之大变局加速演进，中华民族伟大复兴进入关键时期，我们面临的风险挑战明显增多，前进的道路不会一帆风顺。习近平总书记强调："只要青年都勇挑重担、勇克难关、勇斗风险，中国特色社会主义就能充满活力、充满后劲、充满希望。"广大青年保持初生牛犊不怕虎、越是艰险越向前的刚健勇毅，做到面对困难挫折撑得住、关键时刻顶得住、风险挑战扛得住，才能在全面建设社会主义现代化国家新征程中当好开路先锋、事业闯将。

斗争是一门艺术，斗争本领不是与生俱来的，必须经受严格的思想淬炼、政治历练、实践锻炼、专业训练，在复杂严峻的斗争中经风雨、见世面、壮筋骨。青年周恩来远渡重洋勤工俭学，在革命的洪流中兑现"险夷不变应尝胆，道义争担敢息肩"的誓言；物理学家于敏在青年时期为国家战略调整研究方向，隐姓埋名、潜心钻研，为研制氢弹作出突出贡献；黄文秀放弃大城市的工作机会，主动请缨到贫困

三、新时代青年当争做敢于斗争、善于斗争的模范

村任第一书记,把生命奉献给脱贫攻坚事业。实践表明,要练就斗争的真本领、真功夫,就必须在党和人民最需要的地方矢志奉献、在担苦担责担难中经受考验。拼搏在创新发展的最前沿,勇挑巩固脱贫攻坚成果、全面推进乡村振兴的重担,立足岗位守护万家灯火……广大青年要在思想洗礼、实践锻造中不断增强做中国人的志气、骨气、底气,以斗争精神战胜前进道路上的一切艰难险阻。

青春越挺拔,时代越向前。没有广大人民特别是一代代青年前赴后继、艰苦卓绝的接续奋斗,就没有中国特色社会主义新时代的今天,更不会有实现中华民族伟大复兴的明天。在劈波斩浪中开拓前进,在披荆斩棘中一往无前,在攻坚克难中创造业绩,新时代广大青年必将用青春和汗水创造出让世界刮目相看的新奇迹。

《人民日报》(2022年05月18日第05版)

坚持敢于斗争　勇于自我革命

肖　培

党的十九届六中全会通过的《中共中央关于党的百年奋斗重大成就和历史经验的决议》(以下简称《决议》),深刻把握党的事业发展和自身建设规律,将"坚持敢于斗争""坚持自我革命"凝练为中国共产党百年奋斗的历史经验,揭示了百年大党风华正茂的基因密码。敢于斗争、自我革命紧密相连:斗争是自我革命的实践形式,敢于善于斗争方能彻底自我革命;自我革命是敢于斗争的根本前提,勇于自我革命才能赢得斗争胜利。坚持好运用好党长期奋斗形成的宝贵经验,对于在新征程上掌握历史主动,向全面建成社会主义现代化强国的第二个百年奋斗目标迈进具有重大意义。

勇于自我革命、敢于善于斗争,源自党的初心使命

初心使命是党自我革命的不竭动力。为中国人民谋幸福、为中华民族谋复兴,是党百年奋斗始终不变的初心使命,是激励中国共产党人奋勇前行的动力之源。《决议》概括的"十个明确"集中体现党的性质宗旨,既承载中国共产党人的初心使命,又彰显着新时代的历史担当。我们党除了人民利益没有任何自己的特殊利益,这是我们党敢

三、新时代青年当争做敢于斗争、善于斗争的模范

于自我革命的勇气之源、底气所在。有了对初心使命的执着坚定，就有了勇于斗争、净化自我的顽强意志。

勇于自我革命是我们党最大优势。勇于自我革命是党历经百年奋斗锤炼出的最鲜明品格，是区别于世界其他政党的独特标识。《决议》指出："先进的马克思主义政党不是天生的，而是在不断自我革命中淬炼而成的。"面对各个历史时期的风险考验，我们党始终坚持刀刃向内，坚决同一切弱化党的先进性、损害党的纯洁性的问题作斗争，祛病疗伤，激浊扬清，以自身的始终过硬确保党始终成为时代先锋、民族脊梁、人民的主心骨。以伟大自我革命引领伟大社会革命贯穿党的百年奋斗历程，成为中国革命、建设、改革不断走向胜利的根本保证。

保持旺盛革命斗志是党的鲜明风骨品格。《决议》指出，敢于斗争、敢于胜利，是党和人民不可战胜的强大精神力量；自我革命精神是党永葆青春活力的强大支撑。斗争精神是马克思主义固有的理论品格和实践要求，为人民、国家、民族利益而斗争是我们党与生俱来的风骨。党在内忧外患中诞生、在历经磨难中成长、在攻坚克难中壮大，党和人民取得的一切成就都是不懈斗争的结果。伟大斗争锻造了党坚忍不拔的意志、无私无畏的勇气、不怕牺牲的精神、百折不挠的品质。

全面从严治党是实现中华民族伟大复兴的根本保障。实现中华民族伟大复兴，千钧重担关键在党，关键在党要管党、全面从严治党。建党百年，我们党始终坚持严字当头，把党的建设、管党治党摆在重要地位，锻造出当今世界最强大的马克思主义执政党，引领中华民族迎来从站起来、富起来到强起来的伟大飞跃，不可逆转地走向伟大复兴。越是接近宏伟目标，越要保持冷静清醒，越要坚持自我革命，在

严的主基调中不断自我净化、自我完善、自我革新、自我提高，确保党不变质、不变色、不变味，确保党在新时代坚持和发展中国特色社会主义的历史进程中始终成为坚强领导核心。

把新时代党的自我革命不断引向深入

勇于进行具有许多新的历史特点的伟大斗争。《决议》指出，必须"把握新的伟大斗争的历史特点，抓住和用好历史机遇，下好先手棋、打好主动仗，发扬斗争精神，增强斗争本领"。党在不同历史阶段有不同历史任务，斗争内容和形式也呈现出阶段性特征。党的十八大以来，我们党领导人民进行伟大斗争、建设伟大工程、推进伟大事业、实现伟大梦想，涵盖领域的广泛性、涉及矛盾和问题的尖锐性、触及利益格局调整的深刻性、突破体制机制障碍的艰巨性、攻坚克难的复杂性都是前所未有的。以习近平同志为核心的党中央发扬历史主动精神，在事关中国特色社会主义前途命运的大是大非问题上旗帜鲜明，在改革发展稳定工作上坚定不移，在全面从严治党上坚如磐石，在维护国家核心利益上寸步不让。在党中央坚强领导下，党和人民没有在困难面前低头，没有在挑战面前退缩，经受住了来自政治、经济、意识形态、自然界等方面的风险挑战考验，推动党和国家事业取得历史性成就、发生历史性变革。

以党的自我革命引领伟大社会革命。习近平总书记深刻总结党的建设历史经验，创造性提出"党的自我革命"这一重大命题，强调要把新时代坚持和发展中国特色社会主义这场伟大社会革命进行好，我们党就必须勇于进行自我革命，把党建设得更加坚强有力。以习近平同志为核心的党中央充分发挥党的领导和党的建设的决定性作用，同党内思想不纯、政治不纯、组织不纯、作风不纯等突出问题作坚决彻底的斗争，着力防范化解党自身面临的脱离群众、纪律松弛、不负责任等风险，有力推进全面深化改革，破除体制机制桎梏，促进制度成熟定型，确保全党永不僵化、永不停滞，在革故鼎新中不断开辟未来。事实证明，伟大社会革命锻造和成就了伟大的党，伟大自我革命保障和推动了伟大事业，我们党在伟大斗争中不断实现自身建设和各项事业新发展新超越，向着强党强国的目标奋勇前进。

全面从严治党是一场伟大自我革命。新时代党的自我革命极其鲜明地体现在全面从严治党力挽狂澜，从根本上扭转了管党治党宽松软状况，校正了党和国家前进的航向，解决了党和国家事业发展带有全局性、根本性、方向性的问题。以习近平同志为核心的党中央坚持打铁必须自身硬，把全面从严治党纳入"四个全面"战略布局，以严明的纪律管党治党，以零容忍的态度惩治腐败，以优良的作风凝聚党心民心，构建起党和国家监督体系，取得反腐败斗争压倒性胜利并全面巩固，党在革命性锻造中更加坚强。新时代全面从严治党取得历史性、开创性成就，产生全方位、深层次影响，形成一整套党自我净化、自我完善、自我革新、自我提高的制度体系，探索出一条长期执政条件下解决自身问题、跳出历史周期率的成功道路。

反腐败是输不起也决不能输的斗争。反腐败斗争是全面从严治党的关键任务，是具有许多新的历史特点的伟大斗争的重要战场。以习近平同志为核心的党中央坚持无禁区、全覆盖、零容忍，坚持重遏制、强高压、长震慑，坚持受贿行贿一起查，坚持有案必查、有腐必惩，坚定不移正风肃纪、反腐惩恶，一体推进不敢腐、不能腐、不想腐，谱写了中国历史未有、世界历史罕见的反腐败斗争新篇章。从2012年12月到2021年6月，在以习近平同志为核心的党中央坚强领导下，纪检监察机关共立案审查调查省部级以上领导干部393人、厅局级干部2.2万人、县处级干部17.4万余人、乡科级干部63.1万人。通过全面从严治党、严厉惩治腐败，党群干群关系显著好转，党的面貌为之一新，人民群众对党更加信赖，对中国特色社会主义充满信心。

战胜风险挑战没有斗争精神不行。习近平总书记指出，在重大风险、强大对手面前，唯有主动迎战、坚决斗争才有生路出路，逃避退缩、妥协退让只能是死路一条。我们共产党人的斗争从来都是奔着矛盾问题、风险挑战去的。以习近平同志为核心的党中央坚决纠正一度盛行的爱惜羽毛、语焉不详、好人主义、怕事躲事问题，要求党员干部面对大是大非敢于亮剑，面对矛盾敢于迎难而上，面对危险敢于挺身而出，面对失误敢于承担责任，面对歪风邪气敢于坚决斗争，形成了坚持斗争原则与讲究斗争艺术相统一、勇于开拓创新与保持战略定力相统一的重要经验。中华民族伟大复兴进入关键期，面临的风险挑战明显增多，只要我们保持越是艰险越向前的英雄气概和斗争精神，就一定能够战胜一切可以预见和难以预见的风险挑战，创造更加光明的美好未来。

永葆自我革命精神，不断夺取伟大斗争新胜利

深化自我革命，推进伟大工程。把党的建设作为伟大工程推进是我们党的一大创举。从82年前毛泽东同志提出党的建设"伟大的工程"，到27年前党的十四届四中全会提出党的建设"新的伟大的工程"，再到2018年1月习近平总书记提出"新时代党的建设新的伟大工程"，党的自我革命一以贯之、不断深入。推进新时代党的建设新

的伟大工程，必须立足新时代新发展阶段的历史方位，着眼全面建设社会主义现代化强国总目标，全面贯彻新时代党的建设总要求，坚持党要管党、全面从严治党战略方针，以"两个维护"为最高政治原则，以党的政治建设统领思想建设、组织建设、作风建设、纪律建设，把制度建设贯穿其中，深入推进反腐败斗争，健全党统一领导、全面覆盖、权威高效的监督体系，增强抵御风险和拒腐防变能力，提高党的执政能力和领导水平。

增强全面从严治党永远在路上的政治自觉。党面临的最大风险挑战来自自身，全面从严治党必须一刻不松、坚定向前。要坚持以习近平新时代中国特色社会主义思想为指引，聚焦"两个维护"加强政治监督，引导全党不断提高政治判断力、政治领悟力、政治执行力，全面准确有效落实党的理论路线方针政策和党中央决策部署。层层压实管党治党政治责任，锲而不舍落实中央八项规定精神，持续整治群众身边的腐败和不正之风，强化监督执纪问责，把严的主基调长期牢固地坚持下去，决不能滋生已经严到位、严到底的情绪。更加坚定地推进反腐败斗争，构建党中央统一领导、各级党委统筹指挥、纪委监委组织协调、职能部门高效协同、人民群众支持参与的反腐败工作体制机制，保持高压态势，深化系统施治，使不敢腐、不能腐、不想腐一体化推进有更多制度性成果和更大治理成效。

始终保持共产党人敢于斗争的风骨气节、操守胆魄。《决议》指出："为了人民、国家、民族，为了理想信念，无论敌人如何强大、道路如何艰险、挑战如何严峻，党总是绝不畏惧、绝不退缩，不怕牺牲、百折不挠。"新征程上，我们面临的各种斗争是长期的，将伴随实现第二个百年奋斗目标全过程。要增强忧患意识、始终居安思危，准确把握我国社会主要矛盾变化带来的新特征新要求，勇敢面对错综复杂的国际环境带来的新风险新挑战，审慎果断解决矛盾问题，千方百计克服困难阻力，打好化险为夷、转危为机战略主动战。共产党人讲党性、讲原则就要讲斗争，要主动检视自我、打扫政治灰尘，勇于开展批评和自我批评，增强政治免疫力。领导干部要经受严格的思想淬炼、政治历练、实践锻炼、专业训练，在复杂严峻的斗争中经风雨见世面，做敢于斗争、善于斗争的战士。

不断增强自我净化、自我完善、自我革新、自我提高能力。党的十八大以来，习近平总书记就坚持自我净化、自我完善、自我革新、自我提高作出一系列重要论述，是习近平新时代中国特色社会主义思想的重要内容。从百年党史看，大浪淘沙是历史规律。参加党的一大的13人中，有矢志不渝的奋斗者，有慷慨赴死的牺牲者，也有叛变变节者。正是在不断的净化淘汰中，我们党始终保持健康的肌体、蓬勃的朝气。新时代进行伟大斗争，必须以彻底的自我革命精神，充分发挥全面从严治党引领保障作用，在不懈斗争中净化队伍，在自我超越中实现执政能力整体性提升，确保中国特色社会主义事业航船劈波斩浪、一往无前。

《人民日报》(2021年12月24日第09版)

依靠顽强斗争打开事业发展新天地

夏文斌　张世飞

习近平总书记近日在省部级主要领导干部专题研讨班上强调："全党必须增强忧患意识，坚持底线思维，坚定斗争意志，增强斗争本领，以正确的战略策略应变局、育新机、开新局，依靠顽强斗争打开事业发展新天地，最根本的是要把我们自己的事情做好。"敢于斗争是我们党的鲜明品格。党的十八大以来，我们遭遇的风险挑战风高浪急，有时甚至是惊涛骇浪，各种风险挑战接踵而至，其复杂性严峻性前所未有。在以习近平同志为核心的党中央坚强领导下，我们发扬斗争精神，推动党和国家事业取得历史性成就、发生历史性变革。我们党依靠斗争走到今天，也必然要依靠斗争赢得未来。在实现第二个百年奋斗目标的新征程上，我们要继承和发扬敢于斗争的鲜明品格，坚定斗争意志，增强斗争本领，攻坚克难、闯关夺隘，依靠顽强斗争打开事业发展新天地，为全面建成社会主义现代化强国不懈奋斗。

敢于斗争是我们党的鲜明品格

习近平总书记指出："马克思主义产生和发展、社会主义国家诞生和发展的历程充满着斗争的艰辛。"马克思主义认为,社会是在矛盾运动中前进的,矛盾无时不在、无处不有,有矛盾就会有斗争。斗争是事物发展和实践创新的实现形式,体现着矛盾运动的对立统一规律。敢于斗争、善于斗争,就是适应社会发展、矛盾运动的内在趋势和要求,主动作为,推动事业前进跃升。

马克思主义在斗争中诞生、在革命中发展、在实践中创新。一部马克思主义发展史,也是马克思主义者进行不懈斗争的历史。马克思指出:"如果斗争只是在机会绝对有利的条件下才着手进行,那么创造世界历史未免就太容易了。"恩格斯指出:"马克思首先是一个革命家""斗争是他的生命要素。很少有人像他那样满腔热情、坚韧不拔和卓有成效地进行斗争"。马克思的一生,是为推翻旧世界、建立新世界而不息战斗的一生。为了改变人民受剥削、受压迫的命运,马克思义无反顾投身轰轰烈烈的工人运动,始终站在革命斗争最前沿。他领导创建了世界上第一个无产阶级政党——共产主义者同盟,领导了世界上第一个国际工人组织——国际工人协会,热情支持世界上第一次工人阶级夺取政权的革命——巴黎公社革命,满腔热情、百折不挠推动各国工人运动发展。在马克思主义影响下,马克思主义政党在世界范围内如雨后春笋般建立和发展起来,人民第一次成为自己命运的主人,成为实现自身解放和全人类解放的根本政治力量。

中国共产党坚持和发展马克思主义,认识并运用社会矛盾运动规律,坚持斗争、不懈斗争,在斗争中前进。我们党诞生于国家内忧外患、民族危难之时,一出生就铭刻着斗争的烙印,一路走来就是在斗争中求得生存、获得发展、赢得胜利。敢于斗争、敢于胜利,是党和人民不可战胜的强大精神力量。世界上没有哪个党像中国共产党这样，遭遇过如此多的艰难险阻，经历过如此多的生死考验，付出过如此多的惨烈牺牲。我们党一经成立，就把为中国人民谋幸福、为中华民族谋复兴确立为自己的初心使命。为践行初心、担当使命，中国共产党人进行了艰苦卓绝的伟大斗争。在百年奋斗征程中，我们党不屈不挠走过二万五千里长征，殊死搏斗赶跑日本侵略者，英勇无畏打倒国民党反动派，最终建立新中国，靠的就是浴血奋战、艰苦卓绝的伟大斗争；抗美援朝打出国威军威，"一化三改"实现社会变革，艰苦奋斗改变积贫积弱，发愤图强搞出"两弹一星"，奠定当代中国发展进步的制度基础和物质基础，靠的就是披荆斩棘、攻坚克难的伟大斗争；推进改革开放新的伟大革命，开创和发展中国特色社会主义，成功应对一系列重大风险挑战，为实现中华民族伟大复兴提供了充满新的活力的体制保证和快速发展的物质条件，靠的同样是勇立潮头、奋勇搏击的伟大斗争。

新时代取得的一切成就都是党和人民一道奋斗出来的

习近平总书记强调："共产党人讲党性、讲原则，就要讲斗争。"党的十九届六中全会通过的《中共中央关于党的百年奋斗重大成就和历史经验的决议》以"十个坚持"系统总结党百年奋斗积累的宝贵历史经验，"坚持敢于斗争"是其中一个重要方面。新时代，我们党继承和发扬斗争精神，把握事物本质、增强斗争意识，以自觉的斗争实践打开新天地、夺取新胜利。

我们党进行伟大斗争、建设伟大工程、推进伟大事业、实现伟大梦想，涵盖领域的广泛性、涉及矛盾和问题的尖锐性、触及利益格局调整的深刻性、突破体制机制障碍的艰巨性、攻坚克难的复杂性前所未有。我们坚持马克思列宁主义、毛泽东思想、邓小平理论、"三个代表"重要思想、科学发展观，全面贯彻习近平新时代中国特色社会主义思想，全面贯彻党的基本路线、基本方略，采取一系列战略性举措，推进一系列变革性实践，实现一系列突破性进展，取得一系列标志性成果，攻克了许多长期没有解决的难题，办成了许多事关长远的大事要事，经受住了来自政治、经济、意识形态、自然界等方面的风险挑战考验，党和国家事业取得历史性成就、发生历史性变革。

党领导人民创造新时代中国特色社会主义的伟大成就，离不开顽强斗争。面对接踵而至、复杂性严峻性前所未有的各种风险挑战，我们坚定信心、迎难而上，一仗接着一仗打。我们党发扬历史主动精神，在事关中国特色社会主义前途命运的大是大非问题上旗帜鲜明，在全面深化改革上坚定不移，在全面从严治党上持之以恒，在维护国家核心利益上寸步不让……党团结带领亿万人民披荆斩棘、攻坚克难。从坚持马克思主义在意识形态领域的指导地位到驳斥一些西方政客对我国的攻击抹黑，从推进供给侧结构性改革到保障和改善民生，从"打虎""拍蝇""猎狐"到打好三大攻坚战，从抗击新冠肺炎疫情到战胜各种自然灾害，无不彰显中国共产党人敢于斗争的精气神、善于斗争的真本领。

我们取得的一切成就，都是党和人民一道奋斗出来的。正是发扬斗争精神，我们党团结带领人民创造了中华民族发展史、人类社会进步史上令人刮目相看的奇迹，中华民族迎来了从站起来、富起来到强起来的伟大飞跃，实现中华民族伟大复兴进入了不可逆转的历史进程。新时代10年的伟大变革，在党史、新中国史、改革开放史、社会主义发展史、中华民族发展史上具有里程碑意义。

三、新时代青年当争做敢于斗争、善于斗争的模范

不断夺取新时代伟大斗争新胜利

习近平总书记强调:"中华民族伟大复兴不是轻轻松松、敲锣打鼓就能实现的,必须勇于进行具有许多新的历史特点的伟大斗争,准备付出更为艰巨、更为艰苦的努力。"当前,世界百年未有之大变局加速演进,世界之变、时代之变、历史之变的特征更加明显。我国发展面临新的战略机遇、新的战略任务、新的战略阶段、新的战略要求、新的战略环境,需要应对的风险和挑战、需要解决的矛盾和问题比以往更加错综复杂。我们必须把握新的伟大斗争的历史特点,发扬斗争精神,在顽强斗争中有效应对重大挑战、抵御重大风险、克服重大阻力、解决重大矛盾,战胜前进道路上的一切艰难险阻,不断夺取新时代伟大斗争新胜利。

把握斗争方向。习近平总书记指出:"共产党人的斗争是有方向、有立场、有原则的,大方向就是坚持中国共产党领导和我国社会主义制度不动摇。"前进道路上,我们要深刻把握新的伟大斗争的历史特点,在原则问题上寸步不让、寸土不让,凡是危害中国共产党领导和我国社会主义制度的各种风险挑战,凡是危害我国主权、安全、发展利益的各种风险挑战,凡是危害我国核心利益和重大原则的各种风险挑战,凡是危害我国人民根本利益的各种风险挑战,凡是危害我国实现第二个百年奋斗目标、实现中华民族伟大复兴的各种风险挑战,只要来了,就必须进行坚决斗争,毫不动摇,毫不退缩,直至取得胜利。

坚定斗争意志。历史经验告诉我们,一个政党,一个国家,一支队伍,如果失去了斗争意志,是非常可怕的,离危亡也就不远了。坚定斗争意志不是好斗,而是当严峻形势和斗争任务摆在面前时,不能

丧失斗志、态度暧昧、优柔寡断，而是骨头要硬、决不胆怯，敢于出击、敢战能胜。新征程上，我们面临的各种斗争是长期的，将伴随实现第二个百年奋斗目标全过程，总想过太平日子、不想斗争是不切实际的。党员干部必须丢掉幻想、勇于斗争，任何时候都要有不信邪、不怕鬼、不当软骨头的风骨、气节、胆魄，在大是大非面前敢于亮剑，在矛盾冲突面前敢于迎难而上，在危机困难面前敢于挺身而出，在歪风邪气面前敢于坚决斗争。

增强斗争本领。习近平总书记指出："斗争是一门艺术，要善于斗争。"当前，我国正处于实现中华民族伟大复兴关键时期，改革发展正处在攻坚克难的重要阶段，面临的重大斗争不仅不会少，而且会越来越复杂。夺取斗争的胜利，不能逞强好胜、鲁莽行事，而是要善于把握规律，注重策略方法，下好先手棋，打好主动仗。要坚持增强忧患意识和保持战略定力相统一、坚持战略判断和战术决断相统一、坚持斗争过程和斗争实效相统一，重视抓主要矛盾和矛盾的主要方面，在斗争中坚持有理有利有节，面对不同的斗争对象、斗争环境、斗争形势选择不同的斗争方式，切实把握好时、度、效，团结一切可以团结的力量，调动一切积极因素，在斗争中争取团结、谋求合作、争取共赢。

《人民日报》(2022年08月16日第11版)

新时代中国共产党斗争精神的内涵

汪永涛

在实现第二个百年奋斗目标的新征程上需要一代代青年的接续奋斗,广大青年要敢于斗争,敢于胜利,抓住重大的历史机遇,主动参与国家战略,争当有用之才,在为国家战略的奋斗中实现自己的成才理想。

习近平总书记在庆祝中国共产党成立100周年大会上的讲话中指出:"以史为鉴、开创未来,必须进行具有许多新的历史特点的伟大斗争。"习近平总书记在省部级主要领导干部学习贯彻党的十九届六中全会精神专题研讨班开班式上强调:"在百年奋斗历程中,党领导人民取得一个又一个伟大成就、战胜一个又一个艰难险阻,历经千锤百炼仍朝气蓬勃,得到人民群众支持和拥护,原因就在于党敢于直面自身存在的问题,勇于自我革命,始终保持先进性和纯洁性,不断增强创造力、凝聚力、战斗力,永葆马克思主义政党本色。"

"坚持敢于斗争"是总结党的百年奋斗实践得出的重要历史经验,斗争精神是中国共产党在革命、建设和改革实践中不断铸就与涵养的宝贵精神品质。

新时代斗争精神的新内涵

在党的十九大报告中,习近平总书记用"四个伟大"来阐述新时代中国共产党的历史使命。伟大梦想就是"中华民族伟大复兴的中国梦",实现这一梦想,不是一蹴而就、轻松可得的。因此,习近平总书记指出,实现伟大梦想,必须进行伟大斗争。社会是在矛盾运动中前进的,有矛盾就会有斗争。我们党要团结带领人民有效应对重大挑战、抵御重大风险、克服重大阻力、解决重大矛盾,必须进行具有许多新的历史特点的伟大斗争,任何贪图享受、消极懈怠、回避矛盾的思想和行为都是错误的。

新时代党开展斗争的具体方向体现在党的十九大报告中总结的"五个坚决":一是坚决反对一切削弱、歪曲、否定党的领导和我国社会主义制度的言行;二是坚决反对一切损害人民利益、脱离群众的行为;三是坚决破除一切顽瘴痼疾;四是坚决反对一切分裂祖国、破坏民族团结和社会和谐稳定的行为;五是坚决战胜一切在政治、经济、文化、社会等领域和自然界出现的困难和挑战。

新时代伟大斗争的对象范围将国际国内所需解决的各种矛盾和风险都囊括其中,包括国家治理事务的所有重要方面,既涉及政治问题,也涉及经济问题,还涉及社会问题。新时代的斗争是一种综合斗争,斗争内容、形式和策略更为多样。在管党治党方面,进行了反腐倡廉、扫黑除恶等斗争,提出"老虎苍蝇一起打""全覆盖""无禁区""零容忍""扎紧制度笼子"等。在全面建成小康社会方面,针对扶贫的粗放性,提出了精准扶贫。在国际关系上,提出了"在斗争中争取团结，在斗争中谋求合作，在斗争中争取共赢"的策略。

新时代的伟大斗争具有长期性、复杂性和艰巨性。进入新时代，我国踏上全面建设社会主义现代化国家新征程，但我国仍处于并将长期处于社会主义初级阶段的基本国情没有变，我国是世界上最大发展中国家的国际地位没有变。解决好人民日益增长的美好生活需要和不平衡不充分的发展之间的矛盾，仍然需要付出长期艰苦的努力。新征程上，我国发展外部环境更趋复杂严峻，在实现中华民族伟大复兴战略上面临着国家统一关、中等收入关、科技自立自强关、绿色双碳关、共同富裕关等需要攻关克难的难关，这也就意味着我们面临的各种斗争不是短期而是长期的，至少要伴随我们实现第二个百年奋斗目标的全过程。

当代青年要继承和发扬党的斗争精神

习近平总书记明确指出："我们共产党人的斗争，从来都是奔着矛盾问题、风险挑战去的。"《中共中央关于党的百年奋斗重大成就和历史经验的决议》指出："敢于斗争、敢于胜利，是党和人民不可战胜的强大精神力量。党和人民取得的一切成就，不是天上掉下来的，不是别人恩赐的，而是通过不断斗争取得的。"新时代比以往任何时候都更需要人才，比以往任何时期都更有条件成就人才，但是机会从来只留给有准备的年轻人。

正如习近平总书记所言，青年要经受严格的思想淬炼、政治历练、实践锻炼，在复杂严峻的斗争中经风雨、见世面、壮筋骨，真正锻造成为烈火真金。经受严格的思想淬炼，就是要求青年要打牢斗争的思想根基。青年必须加强马克思主义理论武装，认真学习习近平新时代中国特色社会主义思想，并严格做到自觉主动学、及时跟进学、联系实际学、笃信笃行学。认真学习马克思主义经典著作，学原文、读原著、悟原理，用马克思主义立场观点方法来研究问题、分析问题、解决问题。认真学习党史、新中国史、改革开放史、社会主义发展史，搞明白我们从哪里来、现在哪里、去向何处，搞明白中国共产党为什么"能"，马克思主义为什么"行"，中国特色社会主义为什么"好"。

经受严格的政治历练，就是要求青年确保斗争的正确方向。政治历练要求青年把准政治大方向，增强政治敏锐性，防止政治麻痹症，争做敢于同一切危害党的领导和社会主义制度的各种风险挑战作斗争的战士。在形形色色的社会思潮面前做到立场坚定、旗帜鲜明，在各种复杂形势和困难挑战面前做到头脑清醒、保持信心，在重大政治原则和大是大非问题上敢于亮剑、勇于发声。

经受严格的实践锻炼，就是要求青年要切实增强斗争本领。一是要练就过硬本领。青年要将学习当作一种责任、一种生活方式，珍惜韶华，练就扎实过硬的本领。二是要树立担当精神。习近平总书记说："新时代中国青年要担当时代责任。时代呼唤担当，民族振兴是青年的责任。"当下青年的担当就是立足平凡岗位，用爱岗敬业诠释责任和担当。三是要经受风险考验。青年要深入基层、深入群众，通过反复摸爬滚打，不断磨砺锻打，在持续的实践学习中积累经验，掌握真才实学，努力成为各行各业的栋梁之才。

不论在哪个岗位、担任什么职务，都要勇于担当、攻坚克难，既当指挥员、又当战斗员。现在祖国的各条战线上，特别是航天等高科技领域和各种新兴职业中，一股股青春力量不断涌现，他们特别能吃苦、特别能战斗、特别能攻关、特别能奉献，他们用奋斗的青春完满诠释了烈火真金是如何炼成的。在实现第二个百年奋斗目标的新征程上需要一代代青年的接续奋斗，广大青年要敢于斗争，敢于胜利，抓住重大的历史机遇，主动参与国家战略，争当有用之才，在为国家战略的奋斗中实现自己的成才理想。

《中国青年报》（2022年03月08日第10版）

准确把握新时代"坚持敢于斗争"

黄相怀

习近平总书记在2022年春季学期中央党校（国家行政学院）中青年干部培训班开班式上指出，"无数事实告诉我们，唯有以狭路相逢勇者胜的气概，敢于斗争、善于斗争，我们才能赢得尊严、赢得主动"。党的十八大以来，以习近平同志为核心的党中央从实现中华民族伟大复兴的战略高度，反复强调要"进行具有许多新的历史特点的伟大斗争"，并对增强斗争精神、提高斗争本领提出了许多具体要求。党的十九届六中全会审议通过的《中共中央关于党的百年奋斗重大成就和历史经验的决议》指出，"敢于斗争、敢于胜利，是党和人民不可战胜的强大精神力量"，并将"坚持敢于斗争"作为中国共产党百年奋斗的历史经验之一。在新时代新征程上，准确把握"坚持敢于斗争"具有十分重要的意义。

准确把握新时代坚持敢于斗争的客观要求

敢于斗争、敢于胜利是我们党的鲜明品格。党的十八大以来，以习近平同志为核心的党中央反复强调"进行具有许多新的历史特点的伟大斗争"，体现了大无畏的政治勇气和担当。关于斗争的必要性，

三、新时代青年当争做敢于斗争、善于斗争的模范

习近平总书记明确指出:"各种敌对势力绝不会让我们顺顺利利实现中华民族伟大复兴",这就是为什么我们要郑重提醒全党必须准备进行具有许多新的历史特点的伟大斗争的一个原因。可为明证的是,党的十八大以来,以习近平同志为核心的党中央掌握应对风险挑战的战略主动,对危及党的执政地位、国家政权稳定,危害国家核心利益,危害人民根本利益,企图迟滞甚至阻断中华民族伟大复兴进程的一切势力,果断出手、坚决斗争,解决了许多长期想解决而没有解决的难题,办成了许多过去想办而没有办成的大事。

习近平总书记在多个场合反复强调,"今天,我们比历史上任何时期都更接近、更有信心和能力实现中华民族伟大复兴的目标,同时必须准备付出更为艰巨、更为艰苦的努力。"因此,在伟大斗争问题上,广大党员干部都要明白"树欲静而风不止"的道理。强调斗争不是因为我们共产党人喜斗、爱斗,而非此便不能乘风破浪、披荆斩棘。斗争始终是存在的,有的还是长期的、复杂的甚至还将更加尖锐,忍让只能换来变本加厉,退一步后患无穷。正如习近平总书记指出,在重大风险、强大对手面前,总想过太平日子、不想斗争是不切实际的,得"软骨病"、患"恐惧症"是无济于事的。因此,斗争对象、内容和形式会随着形势变化而有所不同,但误以为斗争精神和斗争本领不需要了,许多党员干部就有可能变成广大人民群众所担心的"绵羊"。立足新时代,只要我们深刻认识统筹中华民族伟大复兴战略全局和世界百年未有之大变局的重大特征,深刻认识我国社会主要矛盾变化带来的重大要求,就一定能够明白,敢于斗争、善于斗争,逢山开道、遇水架桥,勇于战胜一切风险挑战,是推进新时代伟大事业的必然要求。

准确把握新时代坚持敢于斗争的方向原则

马克思、恩格斯在《德意志意识形态》中指出,"对实践的唯物主义者即共产主义者来说,全部问题都在于使现存世界革命化,实际地反对并改变现存的事物"。作为一个用马克思主义武装起来的、以改造世界为己任的革命党,我们党的伟大历程始终伴随着伟大斗争。

在马克思主义话语体系中,"斗争"是"使现存世界革命化"的总表达,包括行为上的批判、克服,精神上的激励、纠正等,它也是在诠释了新内涵、提升了新境界的基础上被逐步使用开来的。"伟大斗争"作为一个具有特定指向和意涵的词汇,在党和人民事业发展的历程中并不是一成不变的。从新时代历史方位和理论要求出发,习近平总书记赋予"伟大斗争"新的时代内容和现实指向。因而,脱离新时代解读"伟大斗争",在方法上是错误的,在实践中是危险的,我们既不能淡化弱化伟大斗争,又不能曲解误解伟大斗争。新时代伟大斗争是指向重大挑战、重大风险、重大阻力、重大矛盾的斗争,是实现新的历史创造、完成新的历史使命、作出新的历史贡献的斗争,是坚持党的领导、坚持人民立场、坚持科学理论指导的斗争。

习近平总书记指出,共产党人的斗争是有方向、有立场、有原则的,大方向就是坚持中国共产党领导和我国社会主义制度不动摇。进行新时代伟大斗争并非好勇斗狠,而是对斗争精神和斗争原则有着高要求的政治行动。马克思主义认为,有矛盾就会有斗争,斗争是解决突出矛盾和问题的必要方式;强调斗争,主要是强调在解决一些矛盾和问题上的原则性和战斗性。马克思主义科学理论指导下的斗争,是区分性质的,对于不同性质的矛盾采用不同的斗争方法;是有明确目标的,是为了防范风险、应对挑战、解决问题,不是"为了斗争而斗争"；是有崇高要求的，指向的是企图颠覆中国共产党领导和我国社会主义制度、企图迟滞甚至阻断中华民族伟大复兴进程的一切势力，是为了公义而非私利。由此，新时代斗争自有其内在要求，就是要坚持党的全面领导，维护人民根本利益，遵循社会运行规则，在民主和法治轨道上、在保持正常社会秩序前提下展开斗争，等等。

准确把握新时代坚持敢于斗争的方法要领

敢于斗争体现大无畏，善于斗争需要大智慧。由于缺乏实践历练，相较于斗争勇气，新时代党员干部在斗争方法和本领方面更显缺乏。那么，在进行伟大斗争中如何力戒"书生之迂""匹夫之勇"？

一方面，党的历史是一座斗争智慧和经验的宝库。习近平总书记指出，一百年来，中国共产党团结带领中国人民，以"为有牺牲多壮志，敢教日月换新天"的大无畏气概，书写了中华民族几千年历史上最恢宏的史诗。在百年奋斗历程中，我们党不断积累起了一系列关于斗争规律、本领和艺术的经验做法。比如，要从政治和理论的高度认识和理解斗争，要分清谁是敌人谁是朋友，要制定正确的斗争战略与策略，要抓住主要矛盾和关键环节，要坚持有理有利有节，要采取灵活多样的斗争方法，要把斗争的道理向人民群众讲清楚，等等。特别是，伟大建党精神把"不怕牺牲、英勇斗争"纳入其中，更说明了伟大斗争在党的奋斗历史中的独特地位和作用。无论时空怎样变化，这些智慧和经验依然具有重要指导意义。

另一方面，置身新时代，广大党员干部还要积极研究新形势下斗争的新形态，如网络意识形态斗争、金融领域斗争、国际经贸领域斗争、科技领域斗争乃至空天领域斗争等；研究斗争的新特点，如斗的泛在性、联动性、隐蔽性、经常性、国际性等；还要研究斗争的新手法，如斗争与合作态势并存、手段并用，斗而不破、和而不同，以斗促和、以和缓斗，等等。要在复杂严峻的斗争局势面前内心不慌、腿肚子不抖，淡然处之、从容应对，这些都是须臾不可离的。

在把历史宝贵经验与时代新鲜经验有机结合开展斗争上，以习近平同志为核心的党中央作出了典型示范。习近平新时代中国特色社会主义思想为广大党员干部正确进行具有许多新的历史特点的伟大斗争提供了根本遵循。因此，进行具有许多新的历史特点的伟大斗争必须增强"四个意识"，坚定"四个自信"，做到"两个维护"，对"国之大者"领悟到位，如此才能不跑偏、不走样。

奋进新征程，建功新时代。需要广大党员干部把斗争作为"生命的要素"，不忘斗、不好斗、不怕斗，以岗位为战位，在斗争中担当，在斗争中成长，为党和人民争取更大荣光。

《学习时报》（2022年03月28日第01版）

三、新时代青年当争做敢于斗争、善于斗争的模范

青年楷模：硬骨头六连

忠诚履职、硬骨雄风战旗红
——硬骨头六连

"士气激昂、欢欣鼓舞。"

党的二十大即将召开的消息传来，第74集团军"硬骨头六连"指导员孙斌斌用这8个字描述官兵们的心情。这两天，他专门组织了一堂教育课，引导大家回顾辉煌成就、展望美好前景，官兵忠诚维护核心、矢志奋斗强军的理想信念更加坚定。

"在连队的每一天，都是摔打淬炼自己的过程。六连好比一座熔炉，大家都能在这里百炼成钢。"孙斌斌说。讨论交流中，谈及强军这十年，官兵们总会情不自禁地回忆起两个光荣时刻——

2014年，古田全军政治工作会议期间，习主席亲切接见连队时任指导员，向全连官兵表示亲切问候。

2020年1月18日，习主席在给连队全体官兵的回信中写道："希望你们牢记强军目标，传承红色基因，苦练打赢本领，把'硬骨头精神'发扬光大，把连队建设得更加坚强。"

踔厉奋发，勇毅前行。"硬骨头六连"官兵牢记习主席殷殷嘱托，转型路上铸牢军魂、永葆忠诚，强军征程有效履职、不辱使命，高擎

鲜红的英雄战旗，展现出新的时代风采。

"硬骨头"硬就硬在思想根子上
——坚定的信仰不动摇

新兵下连第一课，在"硬骨头六连"荣誉室里展开。

讲解员鄢德川耐心地为新战友介绍着连队历史，谈及取得的成就，他的话头很自然地落在了党的二十大上。"这是党和人民政治生活中的一件大事，与我们每个人密切相关。最近这10年，我们国家发展变化多大呀，相信大家都有同样的感受……"

从连史到军史，从"小我"到"大我"，看着这名上等兵身姿笔挺、如数家珍的样子，很难想象去年3月初到连队时，他曾因水土不服、成绩落后而一度精神不振。如今，他不仅补齐训练短板、当上了连史讲解员，还在旅创破纪录比武中勇夺"单杠卷身上"课目冠军。

鄢德川的转变，源于连队的淬炼。走进新时代，六连官兵自觉强固听党指挥、铸牢军魂的思想根子：下连第一课，学连史、唱连歌，用连队光辉历程和赫赫战绩为"兵之初"打上"红色印记"；定期举办"英雄连队英雄多"故事会、"荣誉锦旗进班排"等活动，让红色传统融入官兵血脉；深化主题教育，引导官兵深刻领悟"两个确立"的决定性意义，把忠诚维护核心、矢志奋斗强军内化为政治自觉，外化为实际行动。

心中有信仰，脚下有力量。由于改革调整，六连从繁华都市搬迁至岭南小镇。面对考验，官兵们叫响"党让干啥就干啥，打起背包就出发"，用"千里移防铸硬骨"的实际行动，为听党话、跟党走的坚定信念作出生动诠释。

"硬骨头"硬就硬在矢志打赢上
——淬火的尖刀更锋利

"部分车组协同不够紧密""特情处置不够灵活"……前不久,在第74集团军海上连贯课目演练考核中,六连斩获旅海上驾驶训练、海上战斗射击两个课目第一名。但面对荣誉,官兵们没有过多的庆祝,而是针对存在的问题展开检讨反思。

那天,正值中共中央政治局会议建议,党的二十大10月16日在北京召开。连长赵松向连队官兵宣布了这个喜讯,随即引导大家思考这样一个问题:"我们要以什么样的实际行动迎接盛会召开?"

"'硬骨头'硬,硬在听党指挥、矢志打赢上。"官兵们备受鼓舞,形成共识:军人生来为胜战,必须练就制胜未来战场的过硬本领。

这一次,六连官兵把对标对表的参照系扩大到全军,紧盯自身短板弱项专攻精练。一天,火炮技师郑锡鑫带领分队进行实弹训练,打出"满堂彩"。"显靶顺序固定、目标区域固定,这样的高命中率经不起实战检验!"对于这一成绩,郑锡鑫并不满意,他主动要求增加训练难度,带领战友集智攻关,研制出新式激光快瞄系统,提高了射击准度和效率。

赵松告诉记者,六连的兵,就喜欢自己跟自己过不去。此话不假。适应编制调整,他们顶着超过三分之一人员调换专业的压力,探索一专多能、多专多能训练路子;深化战备工作,他们创新推出"战备物资箱装化、战斗装具宿舍化、定人定物实时化"的战备管理新模式;紧盯联合作战,他们主动与友邻部队建立联学联训机制……

翻看六连近10年来的大事记,一个个"首次"格外显眼,那是官兵们在转型征程上留下的胜战足迹——

首次海训,连队主动"打头阵";首次海上实弹演习,创下多个纪录;首次参加"岭南尖兵"比武竞赛,夺得3个单项中的两个第一,并获得综合成绩第一……

仅近5年,该连就荣立集体一等功1次、二等功4次,5人荣立二等功,19人次打破旅纪录,29人次在集团军以上比武中摘金夺银。

"硬骨头"硬就硬在顽强作风上
——胜战的锐气不可当

"军人只有两种状态,打仗和准备打仗。铁的作风纪律,是连队不断打胜仗的根本保证。"跟随指导员孙斌斌的引导,记者走进营房,只见每名官兵的床尾都摆放着一个行军背囊,里面装着按规定携行的战备物资。

衣物按穿戴顺序叠放,拿起来顺手;床下的鞋子,"上铺鞋尖朝里、下铺鞋尖朝外";战备检查量背带长短、看鞋袜型号、算备品消耗、掐时间节点……早在上世纪60年代,六连总结出的"三分四定",就被写入条令,成为全军规范。正是这种不讲条件守纪如铁的作风深入骨髓,让官兵始终保持着锐不可当的胜战之气。

该连荣誉室里,陈列着一柄弯曲的刺刀。1948年,连队老英雄刘四虎在瓦子街战斗中,先后拼杀7个敌人,身中11刀,昏迷10多天才醒来。这把刺刀,就是在战斗中"拼"弯的。

如今,战火硝烟虽已散去,但先辈刺刀见红、有我无敌的血性代代传承。今天,新时代的"硬骨头六连"处处充盈着一往无前的倔劲、拼劲和韧劲。

一次普通的演练,5人侦察小组听令潜伏。骄阳似火,室外温度接近40℃。汗水流进眼里、蚊虫从身上爬过，官兵们纹丝不动。近4个小时后，他们抓住时机成功对"敌"实施斩首。

"六连的'硬'，是靠真刀真枪打出来、杀出来、拼出来的。"孙斌斌介绍，10年来，连队武器装备升级换代，但敢打必胜的精神代代传承。

参加考核，战士轻伤不下考场；实兵演练，连长带病连续奋战……压倒一切敌人的狠劲、百折不挠的韧劲、坚持到底的后劲，从战争年代赓续下来的这"三股劲"，在今天的六连官兵身上愈发彰显。

记者采访结束时，六连正在制作新一期板报，主题是"喜迎二十大，强军新作为"，上面写着官兵们的感怀和期盼。"战备思想硬，战斗作风硬，军事技术硬，军政纪律硬。"瞩望必将激动人心的金秋十月，相信六连官兵秉承数十年如一日的"硬骨头精神"，一定会创造出新的更大业绩，不断为英雄的战旗增光添彩！"战备思想硬，战斗作风硬，军事技术硬，军政纪律硬。"瞩望必将激动人心的金秋十月，相信六连官兵秉承数十年如一日的"硬骨头精神"，一定会创造出新的更大业绩，不断为英雄的战旗增光添彩！

（陈典宏）

《解放军报》（2022年09月08日第06版）

争做"五个模范":新时代中国青年成长成才的时代指南

身边榜样:戴贝贝

拼尽全力,案件物证"开口说话"

我毕业于西南政法大学刑事科学技术专业。入警之初,被分配到派出所,协助刑侦大队破获了多起入室盗窃案。一年后,我被选调到刑侦大队刑事技术室,职责是犯罪现场勘查和痕迹检验鉴定。

通俗地说,我的职责就是让"沉默"的物证"开口说话"。这份工作很不容易,常常是接警就要出发,路程远、时间长,实行的是4天一轮24小时主副班值班制。

一开始,领导和同事们不忍心带我出现场。他们说,你一个女孩子,瘦小白净,哪里吃得这些苦哟!我扬起头笑着说,放心吧,没问题。

每天,我们一个乡镇接着一个乡镇跑、一个现场接着一个现场勘,一天驾车一两百公里、工作超过16小时是常态。因为只有我们完成了勘查,民警才能开展后续侦查。

更为艰难的,是对心理和体能的极限挑战。2019年一天夜晚,一位夜间捕鱼人员报警称,在一个偏僻池塘发现一具尸体。我们立即驱车前往,在尸臭、蚊虫和细雨中工作到凌晨3点。这样的紧急警情每年都有几十起。有时候,由于在建楼盘电梯电缆线被盗剪,我们要拖着几十斤的勘查设备,从一楼爬到顶楼。最多的一次,我一天爬了三栋33层的高楼,上下198层,光爬楼就得花两个小时。

在工作中，身量单薄的我还学会了负重爬工程脚手架、绑安全绳进入下水管道。只要犯罪嫌疑人能到的地方，我们就一定能到，不放过任何蛛丝马迹。

6年里，我经手了1200个现场、数千条物证数据，合格勘查率达100%，比中犯罪嫌疑人80余人次，协助破获了时隔24年、15年的两起命案积案。正因为这些成绩，我入选了全国刑事技术青年人才库。

勘查工作虽然苦累，但我坚信与犯罪分子作斗争是我的使命职责，守护光明和正义是我毕生的追求。

《光明日报》（2022年05月16日第07版）

四、新时代青年当争做艰苦奋斗、无私奉献的模范

新时代青年如何理解和把握伟大奋斗精神

青春由磨砺而出彩　人生因奋斗而升华

最根本的是要把我们自己的事情做好

始终坚持人民至上的价值追求

始终坚持人民至上的政治立场

> 青年声音

艰苦奋斗、无私奉献

人民日报评论部

有责任有担当，青春才会闪光。十几年如一日深耕水稻遗传育种与应用研究，助力端牢中国饭碗；主动请缨驻村扶贫，帮老百姓在家门口实现就业；为祖国巡逻戍边，圆满完成多项重大任务；孜孜不倦科研探索，不断向科学技术广度和深度进军……不久前，第二十六届"中国青年五四奖章"评选揭晓，获奖者立足自己的岗位艰苦奋斗，浇灌出靓丽的青春之花，成为"幸福是奋斗出来的，奋斗的青春最美丽"的生动写照。

顽强奋斗、艰苦奋斗、不懈奋斗，是中华民族生生不息的动力源泉。在庆祝中国共产主义青年团成立100周年大会上，习近平总书记回顾总结百年来广大团员青年为争取民族独立、人民解放和实现国家富强、人民幸福贡献青春、建立功勋的光荣历程，号召新时代的广大共青团员"做艰苦奋斗、无私奉献的模范，带头站稳人民立场，脚踏实地、求真务实，吃苦在前、享受在后，甘于做一颗永不生锈的螺丝钉"。在实现中华民族伟大复兴中国梦的征途上，广大青年要立鸿鹄志、做奋斗者，踊跃到新时代新天地中去施展抱负、建功立业，交出一份无愧于祖国、无愧于人民、无愧于时代的答卷。

争做"五个模范":新时代中国青年成长成才的时代指南

路是走出来的,事业是干出来的,成功是奋斗出来的。为中国革命胜利不怕牺牲、浴血斗争,为祖国建设敢于拼搏、辛勤劳动,在改革开放和社会主义现代化建设中敢闯敢干、引领风尚,在中国特色社会主义新时代自信自强、刚健有为……实现中华民族伟大复兴的中国梦,需要一代又一代有志青年接续奋斗。胸怀"国之大者",担当使命任务,新时代广大青年唯有用脚步丈量祖国大地,用眼睛发现中国精神,用耳朵倾听人民呼声,用内心感应时代脉搏,把对祖国血浓于水、与人民同呼吸共命运的情感贯穿学业全过程、融汇在事业追求中,才能当好伟大理想的追梦人、做好伟大事业的生力军。青年一代有理想、有追求、有担当,实现中华民族伟大复兴就有源源不断的青春力量。

青春需要在艰苦奋斗中不断磨砺,青年需要在艰苦奋斗中历练本领。今天,我们的生活条件好了,但奋斗精神一点都不能少,永久奋斗的好传统一点都不能丢。无论处于什么样的环境,无论处于什么样的人生起点,都要依靠辛勤努力,创造属于自己的人生精彩。选择扎根条件艰苦的基层、国家建设的一线、项目攻关的前沿,有助于在担苦、担难、担重、担险中经受锻炼、增长才干。亲历筚路蓝缕、胼手胝足的艰苦奋斗,能够养成"吃苦在前、享受在后"的意志品质。面向实际、脚踏实地、苦干实干,能够从实践中收获真知,也能涵养实事求是、求真务实的精神。广大青年要把人生志向转化为奋斗动力,用"甘于做一颗永不生锈的螺丝钉"的奋斗品格展现自己的抱负和激情,依靠勤劳和汗水开辟人生和事业前程。

奋斗是青春最亮丽的底色,行动是青年最有效的磨砺。数控技术专家杨永修之所以能操控精密机床加工出高精度异形零部件,靠的是将技术做成艺术,将细节做到极致;驻村第一书记谭翊泉秉持"多跑

四、新时代青年当争做艰苦奋斗、无私奉献的模范

一分、多做一分，村子的发展就多一分希望"的信念，把群众需求作为工作出发点和落脚点；冬天去雪场练，夏天跳模拟气垫，苏翊鸣十年磨一剑，为解锁新动作付出艰辛努力。一丝不苟，百折不挠，拼出青春出彩的高光时刻。奋斗不是挂在嘴边的口号，而是要做好每一件小事、完成每一项任务、履行每一项职责。要想让青春结出累累硕果，就必须立足本职埋头苦干，从自身做起，从点滴做起，不断开辟事业发展新天地。新时代广大青年站稳人民立场，投身强国伟业，始终保持艰苦奋斗的前进姿态，必将在祖国和人民最需要的地方绽放绚丽之花。

《人民日报》（2022年05月19日第05版）

新时代青年如何理解和把握伟大奋斗精神

韩雪青

习近平总书记说,中国人民是具有伟大奋斗精神的人民。在几千年历史长河中,中国人民始终革故鼎新、自强不息。中国人民自古就明白,世界上没有坐享其成的好事,要幸福就要奋斗。今天,解读伟大奋斗精神,让新时代青年理解和把握其深刻内涵,有益于青年一代焕发蓬勃生机、勇担重任、卓越创新,坚定前行在中国特色社会主义的光明大道上,高扬自信,助力中华民族伟大复兴早日实现。

伟大奋斗精神是一种积极向上的精神状态。无论顺境逆境,前行的步伐从不停止,因为内心的坚守,也源于对未来美好前景的憧憬和笃定。一如周恩来在年少时就立下"为中华之崛起而读书"之宏愿并以毕生努力来诠释,展现其为国家和民族奋斗的伟大精神和责任担当。周恩来始终坚信中国的革命事业是正义的事业,是符合时代发展潮流和中国人民核心利益的崇高伟业,是与亿万中国人民日思夜盼的幸福生活关联在一起的光明事业,所以不畏艰难险阻,以奋斗精神谱写其光辉一生。亦如马克思在中学时期就阐明要选择为人类的幸福而奋斗的职业,自此风雨兼程,为追求真理不惧颠沛流离与贫病交加,成就了理想与现实、思想与行动、信仰与实践合一的光辉典范。青年一代要懂得:奋斗不总是顺风顺水,愈是在艰难困苦时刻,奋斗精神愈是熠熠生辉，因为拥有奋发向上的精神和坚定前行的力量，理想和目标便如灯塔般醒目和闪耀，指引着人们奋勇前进，无惧风浪、无暇悲叹。

伟大奋斗精神是诉诸改造世界的实干精神。中国古人历来讲求知行合一，"纸上得来终觉浅，绝知此事要躬行"谈的就是实践和实干的重要性。我们党自成立之日起就带领广大中国人民投身于艰苦卓绝的斗争，克服重重艰难险阻，取得革命、建设和改革的伟大成就，实现了从站起来、富起来到强起来的伟大飞跃，靠的就是伟大的实干精神。邓小平说："不干，半点马克思主义都没有。"今天，我们要实现伟大中国梦，尤需敢于涉险滩、啃硬骨头的实干精神，不惧各种阻力，奋力扫清障碍、铺平前进道路，以早日实现人民期待的幸福美好生活为我们的奋斗主旨，以实干笃定前行。

马克思主义实践观告诉我们，实践是认识世界和改造世界的统一，是遵循和把握规律基础上改造世界的物质力量，实践观与伟大奋斗精神内在契合，要推进人类社会的进步，要实现人类自由而全面的发展，就要敢于科学铲除旧事物滋生的土壤，改变现存社会的不足与缺无，为新事物的发展创造条件；要奋斗就要有改变现状的勇气和力量，行动起来而不是只停留在口头或意念之中，正如马克思所说："哲学家们只是用不同方式解释世界，问题在于改变世界。"

伟大奋斗精神是一种勇往直前的坚韧执着。任何一项事业获得成功都有可能遇到艰险，艰险如一面镜子，照出弱者的怯懦和强者的坚韧。要干事业就难免会有牺牲，牺牲自己的时间、精力乃至生命，只为事业成功后更多人受益。一如塞罕坝建设者们将自己的青春与力量都撒播在治沙的坚守中，抗击新冠肺炎疫情中逆行的医务工作者为保卫更多人的安康将自己的生命与安全置于危险之中，革命年代无数中国共产党人为取得中国革命成功不惜献出自己宝贵的生命……

伟大奋斗精神让平凡人在干事创业中成就不凡，如"愚公移山"。愚公立志攻坚克难之坚韧执着的精神，不仅激励更多有志之士加入其中，更能感天动地。1945年，毛泽东解读愚公移山，指出中国共产党人决心要挖掉中国人民头上的两座大山：帝国主义和封建主义，"我们一定要坚持下去，一定要不断地工作，我们也会感动上帝的。这个上帝不是别人，就是全中国的人民大众"。中国共产党正是靠着这种遇河架桥、遇山开路的坚韧和立志克服各种艰难困苦的执着，不畏艰辛与牺牲，胜不骄败不馁，带领中国人民不仅扭转近代中华民族的颓势，夺取一个又一个胜利，建立新中国，更是与中国人民一起走上了中国特色社会主义的光明大道，走向中华民族伟大复兴。

伟大奋斗精神是一种超越自我的自由体验。奋斗，自然不是一件容易的事，艰苦奋斗一词就在昭示这个道理。奋斗必须直面艰苦，但并不止于艰苦，奋斗指向更高远的目标和更美好的将来，指向成功，指向幸福。

伟大奋斗精神之超越自我，意味着更广阔的胸怀，不为一己之私利，而是着眼于更多数人的长远利益；意味着更高的境界和格局，站位高、眼界宽。奋斗者的幸福，是克服不足后超越自我的创新，是遵循和把握规律后的自由，是穿过荆棘，跨越险滩后的从容与喜悦，是超越小我成就大我为人民带来幸福的愉悦体验，是为继续前行积淀的自信和力量，这种幸福一如马克思完成伟大巨著、钟南山看到治愈后患者的笑脸、袁隆平禾下乘凉梦的实现。正如习近平总书记所说，我们的党、我们的国家、我们的人民在奋斗中收获了更多自信和勇气，更加坚定、更加昂扬地走在实现"两个一百年"奋斗目标的广阔道路上。

四、新时代青年当争做艰苦奋斗、无私奉献的模范

伟大奋斗精神的内涵是密切联系、内在统一的整体,四个层面相辅相成,互相促进。今天,担负实现中华民族伟大复兴重任的新时代中国青年,理应自觉传承和弘扬伟大奋斗精神,汲取其精髓和力量,奋发向上、实干兴邦、坚忍顽强、超越自我,在拼搏进取中谱写崭新篇章,为伟大奋斗精神注入时代活力和丰富内涵。

《光明日报》(2020年05月19日第13版)

青春由磨砺而出彩 人生因奋斗而升华

郑丽平

在2020年五四青年节前夕,习近平总书记向全国各族青年致以节日的祝贺和诚挚的问候,并强调:"面对突如其来的新冠肺炎疫情,全国各族青年积极响应党的号召,踊跃投身疫情防控人民战争、总体战、阻击战,不畏艰险、冲锋在前、真情奉献,展现了当代中国青年的担当精神,赢得了党和人民高度赞誉。""新时代中国青年要继承和发扬五四精神,坚定理想信念,站稳人民立场,练就过硬本领,投身强国伟业,始终保持艰苦奋斗的前进姿态,同亿万人民一道,在实现中华民族伟大复兴中国梦的新长征路上奋勇搏击。"这是对新时代青年的高度肯定,也必将成为激励青年前赴后继、为国奉献的强大动力。

青年如朝日,青年兴则国兴。100多年前爆发的五四运动,拉开了中国青年运动的序幕。回首百年历程,中国人民特别是广大青年在五四精神的激励下不断奋进,以青春之我、奋斗之我,书写了无愧于时代、无愧于人民、无愧于历史的华章。

青年是实现中华民族伟大复兴的磅礴力量

腥风血雨定格青春记忆。1919年5月4日,一群爱国青年高呼"还

四、新时代青年当争做艰苦奋斗、无私奉献的模范

我青岛""废除二十一条""外争主权、内惩国贼"等口号,痛殴卖国贼,火烧赵家楼,在反帝反封建的民族救亡运动中发出了自己的呐喊。习近平总书记在纪念五四运动100周年大会上的讲话中指出,"通过五四运动,中国青年发现了自己的力量,中国人民和中华民族发现了自己的力量"。这场运动"以磅礴之力鼓动了中国人民和中华民族实现民族复兴的志向和信心"。这既是对五四运动历史地位和作用的肯定,也为新时代青年运动和青年成长成才指明了正确方向。

从五四运动出发,在中国共产党领导下,我国青年始终以实现中华民族伟大复兴为己任,将自己的梦想与祖国和人民的命运紧密相连。在革命战争年代,一大批爱国进步青年经受了五四运动洗礼和马克思主义熏陶,建立了中国共产党,并在党的领导下为争取民族独立、人民解放冲锋陷阵、抛洒热血。在社会主义革命和建设时期,广大青年积极响应党中央号召,踊跃投身"保和平,卫祖国,就是保家乡""向荒山、荒地、荒滩进军""争做社会主义建设积极分子"等运动,在新中国的广阔天地忘我劳动、艰苦创业。在改革开放历史新时期,广大青年发出"团结起来、振兴中华"的时代强音,投身经济建设和社会发展的火热实践,推动我国改革开放取得历史性成就、发生历史性变革,综合国力迈上新台阶。在新时代,广大青年自觉团结在以习近平同志为核心的党中央周围,在统筹推进"五位一体"总体布局和协调推进"四个全面"战略布局的伟大实践中爱岗敬业、拼搏奉献,为实现全面建成小康社会、实现"两个一百年"奋斗目标作出了巨大贡献。面对突如其来的新冠肺炎疫情,广大青年没有退缩,4.2万多名驰援湖北的医护人员中,有1.2万多名是"90后";在社区工作者、公安干警、基层干部、志愿者等方方面面的抗疫一线工作者中,都有"90后""00后"的身影。在危急关头,广大青年毅然选择

做"最美逆行者"，选择到祖国和人民最需要的地方去，在抗疫一线用行动彰显了青春的蓬勃力量，向党和人民交出了合格答卷。

回望历史，在磨难中成长、从磨难中奋起，已经成为中国共产党领导中华民族和中国人民不断从胜利走向胜利的客观规律，已经成为中国青年成长成才、施展抱负的必然途径。五四运动以来，一代又一代爱国青年在中国共产党带领下，不畏艰险、舍生忘死、勇于开拓、顽强奋斗，和全国人民一道攻克了一个又一个"娄山关""腊子口"，创造了一个又一个彪炳史册的人间奇迹，五四精神始终是激励中国人民特别是广大青年不断奋进的强大动力。

勇敢担负起新时代党赋予的光荣使命

"芳林新叶催陈叶，流水前波让后波。"每一代青年都有自己的际遇。今天，广大青年既拥有广阔发展空间，也承载着伟大时代使命。习近平总书记在纪念五四运动100周年大会上的讲话中强调："新时代中国青年运动的主题，新时代中国青年运动的方向，新时代中国青年的使命，就是坚持中国共产党领导，同人民一道，为实现'两个一百年'奋斗目标、实现中华民族伟大复兴的中国梦而奋斗。"广大青年要积极响应习近平总书记号召，继承发扬五四精神，不断开拓进取，勇担时代重托，做走在时代前列的奋进者、开拓者、奉献者。

坚持中国共产党的领导。中国共产党的领导，是中国特色社会主义制度的最大优势，是顺利完成时代历史使命的根本保障。自中国共产党成立以来，党始终把青年作为社会主义革命、建设、改革的生力军，给予关怀、寄予厚望。进入新时代，以习近平同志为核心的党中央站在党和国家事业后继有人的战略高度，更加关心青年的成长进步,对青年和青年工作提出了一系列新理念新思想新论断,为青年的成长成才指明了方向。在党的领导下,一代又一代青年蓬勃成长为国家的希望和栋梁,他们承担起各种艰巨繁重的任务,经受住了各种风险挑战的考验。在坚持党的领导这个重大原则问题上,广大青年要旗帜鲜明、立场坚定,不能有丝毫含糊和动摇。要坚持以习近平新时代中国特色社会主义思想为指导,不断增强"四个意识"、坚定"四个自信"、做到"两个维护",听党话,跟党走,在党的领导下创造国家和民族的新辉煌。

高扬爱国主义旗帜。爱国主义是五四精神的核心,是中华民族民族精神的核心,是中华民族团结奋斗、自强不息的精神纽带。习近平总书记指出,"爱国主义自古以来就流淌在中华民族血脉之中,去不掉,打不破,灭不了"。对青年的成长来讲,爱国是立身之本、成才之基,爱国是第一位的。作为新时代的建设者,广大青年要胸怀祖国、心系人民,努力做到"利于国者爱之,害于国者恶之"。要了解中华民族历史,秉承中华文化基因,树立民族自豪感和文化自信心。同时,爱国也不能仅仅停留在口号上,现阶段中华民族伟大复兴正处于关键时刻,广大青年只有将爱国情、强国志、报国行融入具体行动中,勇于到祖国最需要的地方去建功立业,才能收获真正有价值的人生。

投身人民的伟大奋斗。人民是历史的创造者。五四运动以来的百年奋斗史,就是一代又一代青年投身人民伟大奋斗的历史。习近平总书记指出:"当代中国青年要有所作为,就必须投身人民的伟大奋斗。"当前,我国正处于脱贫攻坚决胜期、实现全面建成小康社会的关键期,特别是一场突如其来的新冠肺炎疫情对我国人民生命健康安全和经济社会发展造成了影响。夺取疫情防控和实现经济社会发展目标双胜利,迫切需要广大青年投身伟大实践中攻坚克难、顽强斗争。而对于广大青年自身来讲,只有为人民做出了奉献的青春,才会留下充实、温暖、持久、无悔的回忆。广大青年要扎根人民,同人民一起奋斗,同人民一起前进,同人民一起梦想,在为人民利益的不懈奋斗中书写人生华章。

做有理想、有本领、有担当的时代新人

前进要奋力,干事要努力。习近平总书记在党的十九大报告中指出:"青年一代有理想、有本领、有担当,国家就有前途,民族就有希望。"新时代青年要切实担负起时代使命,就要在感悟时代、紧跟时代中珍惜韶华,自觉按照党和人民的要求锤炼自己、提高自己,做到志存高远、本领高强、敢于担当,在火热的青春中放飞人生梦想、成就事业华章。

新时代青年要树立远大理想。青年理想远大、信念坚定,是一个国家、一个民族无坚不摧的前进动力。习近平总书记指出:"新时代中国青年要树立对马克思主义的信仰、对中国特色社会主义的信念、对中华民族伟大复兴中国梦的信心,到人民群众中去,到新时代新天地中去,让理想信念在创业奋斗中升华,让青春在创新创造中闪光!"这为新时代青年树立远大理想指明了方向。诚然,青年的人生目标会有不同,职业选择也有差异,但只有把自己的小我融入祖国的大我、人民的大我之中,与时代同步伐、与人民共命运,才能更好实现人生价值、升华人生境界。如果离开了祖国需要、人民利益,任何孤芳自赏都会陷入越走越窄的狭小天地。广大青年特别是青年党员只有牢记习近平总书记关于"革命理想高于天"的谆谆教诲,自觉把个

人理想融入中国特色社会主义共同理想之中，坚持与祖国同行、为人民奉献，以青春梦想和实际行动为实现中国梦作出新贡献。

新时代青年要锤炼过硬本领。青年是未来的建设者。历史和现实表明，中华民族伟大复兴绝不是轻轻松松、敲锣打鼓就能实现的。当前，中国特色社会主义已走过千山万水，但仍需跋山涉水。面对百年未有之大变局，要有效应对前进道路上的重大挑战、抵御重大风险、克服重大阻力、解决重大矛盾，迫切需要新时代青年具备扎实学识和过硬本领。如果缺乏过硬本领，理想的实现、责任的担当、事业的推进，就会变得虚无缥缈。广大青年只有脚踏实地，勤于学习、勇于实践、知行合一，不断提高内在素质，锤炼过硬本领，努力使自己的思维视野、思想观念、认识水平跟上越来越快的时代发展，努力使自己成为新长征路上的建设者、攻坚克难的突击手和创新创造的生力军，唯其如此，才能不负党和人民重托，不负美好青春。

新时代青年要无愧责任担当。时代呼唤担当，民族振兴是青年的责任。习近平总书记指出："新时代中国青年要珍惜这个时代、担负时代使命，在担当中历练，在尽责中成长，让青春在新时代改革开放的广阔天地中绽放，让人生在实现中国梦的奋进追逐中展现出勇敢奔跑的英姿，努力成为德智体美劳全面发展的社会主义建设者和接班人！""新时代中国青年要勇做走在时代前列的奋进者、开拓者、奉献者，毫不畏惧面对一切艰难险阻，在劈波斩浪中开拓前进，在披荆斩棘中开辟天地，在攻坚克难中创造业绩，用青春和汗水创造出让世界刮目相看的新奇迹！"这些重要论述指明了在担负时代使命中成长是新时代青年成长的必由之路。如果视探索尝试为畏途，把负重前行当吃亏，"躲进小楼成一统"逃避责任，终究是成不了事的，是有愧于时代的。广大青年要把敢于负责、勇于担当作为干事创业的基本要求，不断磨砺自我、提升自我。一方面要勇于担当，面对危机敢于挺身而出，面对矛盾敢于迎难而上，面对失误敢于承担责任，面对歪风邪气敢于坚决斗争。另一方面要善于担当，善于从全局着眼、善抓重点，从客观实际出发观察问题、解决问题，努力为建设社会主义现代化强国贡献自己的智慧和力量。

青春中国，风华正茂。广大青年既是追梦者，也是圆梦人，中华民族伟大复兴的中国梦终将在一代代青年的接力奋斗中变为现实。广大青年要拥抱新时代、奋进新时代，为民族复兴铺路架桥，为祖国建设添砖加瓦，让青春在党和人民最需要的地方绽放绚丽之花。

《光明日报》（2020年05月07日第06版）

最根本的是要把我们自己的事情做好

辛向阳　刘须宽

习近平总书记在省部级主要领导干部"学习习近平总书记重要讲话精神，迎接党的二十大"专题研讨班上发表重要讲话强调："全党必须增强忧患意识，坚持底线思维，坚定斗争意志，增强斗争本领，以正确的战略策略应变局、育新机、开新局，依靠顽强斗争打开事业发展新天地，最根本的是要把我们自己的事情做好。"这是党中央统筹中华民族伟大复兴战略全局和世界百年未有之大变局，顺应历史大势、应对风云变幻，所展现出来的历史清醒和政治坚定。我们必须把思想和行动统一到党中央的战略判断和决策部署上来，以锲而不舍的精神、坚如磐石的定力、功成必定有我的情怀、敢打必胜的信心，把自己的事情做好，进一步夯实兴党强国的强大物质基础、不断提升应对百年变局的强劲韧性、牢牢把握好掌控自己命运的时与势。

深刻理解为什么突出强调"把我们自己的事情做好"

把国家和民族发展放在自己力量的基点上。俗话说，吃自己的饭，流自己的汗，自己的事情自己干。个人如此，国家、民族亦如此。在人类发展史上，没有任何一个国家能依赖外部力量而走向强大，也没有哪一个民族靠跟在他人后面亦步亦趋、拾人牙慧而实现振兴。邓小平同志说，"中国的事情要按照中国的情况来办，要依靠中国人自己的力量来办。独立自主，自力更生，无论过去、现在和将来，都是我们的立足点"。习近平总书记强调，"自力更生是中华民族自立于世界民族之林的奋斗基点"。《中共中央关于党的百年奋斗重大成就和历史经验的决议》回望百年征程，指出"独立自主是中华民族精神之魂，是我们立党立国的重要原则"。将民族命运和国家前途放在自己力量的基点上，以自力更生、自信自强展开大业、创造伟业，是历史的结论，也是马克思主义辩证法的要求。

把发展进步的命运牢牢掌握在自己手中。胸怀振兴中华志向的梦想家，必须同时也是创新创业的实干家。只有将伟大梦想化为脚踏实地的行动，把自己的事情做扎实，把改革发展稳定的任务落实好，才能一步一个脚印地实现梦想。历史只会眷顾坚定者、奋进者、搏击者，而不会等待犹豫者、懈怠者、畏难者。在百年来革命、建设、改革的奋斗征程中，在一个世纪的若干重大历史关头，党团结带领人民走好自己的路、办好自己的事，始终保持战略定力，始终站在历史正确的一边，在应对无数风险挑战中不断从胜利走向胜利。可以说，没有对中华民族发展命运的倾尽全力，就不可能有"当惊世界殊"的辉煌成就；离开掌控自己命运的奋力搏击，就无法书写中华民族几千年历史上最恢宏的史诗。

党的十八大以来的10年，我们遭遇的风险挑战风高浪急，有时甚至是惊涛骇浪，各种风险挑战接踵而至，其复杂性严峻性前所未有。习近平总书记指出："保持定力，增强信心，集中精力办好自己的事情,是我们应对各种风险挑战的关键。"10年来,我们坚持和完善中国特色社会主义制度、不断推进国家治理体系和治理能力现代化,建立起民族复兴所需要的更加成熟定型的制度保障;坚持发展是第一要务、人才是第一资源、创新是第一动力,努力建设现代化经济体系的战略支撑,为民族复兴奠定更为坚实的物质基础;培育和弘扬社会主义核心价值观,坚定践行伟大建党精神,激发全社会干事创业更为主动的精神力量……新时代党和国家事业取得的历史性成就、发生的历史性变革,以无可辩驳的事实证明,只要集中精力办好我们自己的事情,任何国家任何人都不能阻挡中华民族实现伟大复兴的历史步伐。

把握"把我们自己的事情做好"的方法论

反对空谈、强调实干,聚焦主业、注重落实,是我们党的优良传统。在奋斗进程中,我们党坚持认准方向、迈好步子,走好脚下的路,在打开事业新天地、开辟发展新局面中,探索和积累了把自己的事情做好的独特经验。

把握历史主动,把准历史机遇。主动权是一个极端重要的事情,正如毛泽东同志所说,"主动权,就是'高屋建瓴'、'势如破竹'"。把我们自己的事情做好,首先要把握历史主动,做到以历史洞见未来。具体而言,就是把党的历史经验作为正确判断形势、科学预见未来、把握历史主动的重要思想武器,更好观察时代、把握时代、引领时代;把党的历史经验作为想问题、作决策、办事情的重要遵循,善于从历史经验中增强赢得主动、赢得优势、赢得未来的定力、魄力、能力。同时,抓住发展机遇、用好有利条件,就能赢得战略主动,迎来事业发展。中国共产党是最善于做战略决策的党，也是在关键时刻最善于做战略决断的党。每临重大历史关头，我们党总是高度重视对发展环境，特别是机遇与挑战的分析判断，善于把战略的坚定性和策略的灵活性结合起来，从根本利益和长远大局出发，以高度的历史责任感和政治勇气，把方向、抓大势、谋大局，进而抓住机遇、作出决断、扭转乾坤。

遵循内因论、重点论，推动事业发展。在事物发展过程中，外因是变化的条件，内因是变化的根据，外因通过内因而起作用。当前我们面临的困难和问题，确实同逆全球化和贸易保护主义抬头、新冠肺炎疫情全球蔓延等外部因素的影响有直接关系，但更要认识到，当前我们要抓住主要矛盾和矛盾的主要方面，切实解决影响构建新发展格局、实现高质量发展的突出问题，切实解决影响人民群众生产生活的突出问题，这是内因。我们要按照创新、协调、绿色、开放、共享的新发展理念，在政策上作出前瞻性安排，加大结构性改革力度，矫正要素配置扭曲，扩大有效供给，提高供给结构适应性和灵活性，提高全要素生产率。没有主次，不加区别，眉毛胡子一把抓，是解决不了问题、做不好工作的。必须坚持问题导向，立足新发展阶段，以重点突破引领改革纵深推进。我们党基于我国社会主要矛盾转化的实际，强调更好满足人民日益增长的美好生活需要，满足人民对更好的教育、更稳定的工作、更满意的收入、更可靠的社会保障、更高水平的医疗卫生服务、更舒适的居住条件、更优美的环境的期盼，努力化解不平衡不充分的发展难题，这就是坚持内因论、重点论的体现。

四、新时代青年当争做艰苦奋斗、无私奉献的模范

走好新的赶考之路必须"把我们自己的事情做好"

踏上新征程,以"赶考"的清醒和坚定答好中华民族伟大复兴的答卷,就要聚焦新时代坚持和发展中国特色社会主义的重大实践问题,继续集中力量把自己的事情办好,不断提升我国综合国力,不断开拓发展进步新境界。

坚定中国特色社会主义道路。方向决定道路,道路决定命运。要把命运掌握在自己手中,就要有志不改、道不变的坚定。习近平总书记指出:"走自己的路,是党的全部理论和实践立足点,更是党百年奋斗得出的历史结论。"党在百年奋斗中始终坚持从我国国情出发,探索并形成符合中国实际的正确道路,这是一条"从没路的地方践踏出来的,从只有荆棘的地方开辟出来的"路。中国特色社会主义道路是当代中国大踏步赶上时代、创造人民美好生活、实现中华民族伟大复兴的康庄大道。脚踏中华大地,传承中华文明,走符合中国国情的正确道路,党和人民就具有无比广阔的舞台,具有无比深厚的历史底蕴,具有无比强大的前进定力。

人民是促成我们事业大发展的力量源泉。"天地之大,黎元为先。"人民是历史的创造者,是中国共产党应对一切风云变幻的最大定力。要确保党始终拥有不竭力量源泉,确保中国特色社会主义事业始终拥有最可靠中坚力量,确保最大限度调动人民群众积极性、主动性、创造性,就必须多干让人民满意的好事实事,以人民利益为重、以人民期盼为念,真诚倾听群众呼声,真实反映群众愿望,真情关心群众疾苦,把不断做大的"蛋糕"分好,让社会主义制度的优越性得到更充分体现,让人民群众有更多获得感、幸福感、安全感。只要坚持人民主体地位,顺应人民群众对美好生活的

向往，不断实现好、维护好、发展好最广大人民根本利益，做到发展为了人民、发展依靠人民、发展成果由人民共享，一切惊涛骇浪都会战胜。

以科技自立自强破解"卡脖子"之困。一个国家的科技命脉握在别人手中，就等于被扼住命运的咽喉。无数血的教训警示我们，攀登世界科技高峰的必由之路就是自主创新，增强科技创新能力是破除"卡脖子"瓶颈的唯一法宝。今天，我们正走向高水平科技自立自强，从量子通信、人工智能、5G等取得世界领先，到"嫦娥五号"实现地外天体采样，"天问一号"开启火星之旅，"羲和号"实现太阳探测零的突破，"中国创新""中国智造""中国创造"已成为新时代中国的亮丽名片。但我们必须保持足够清醒，面对西方在专利上的壁垒、尖端技术上的打压，必须在劣势领域补足"短板"、优势领域打造"长板"、瞄准未来需求布局"创版"，坚持创新在现代化建设全局中的核心地位，把科技自立自强作为国家发展的战略支撑，坚定中国人做好自己的事情的决心、秉承独立自主的顽强意志，破除西方编织的科技铁幕、打破境外不断加码的技术封锁，积极实施国际科技合作战略，逐步跨越疆域局限和人为藩篱。

坚守岗位、各司其职，以无我之境服务人民、报效祖国。2017年，习近平总书记在以普通党员身份参加所在党支部的专题组织生活会时强调，"希望大家首先要搞好自身建设，在这个关键时期，要特别注意把自己的事情做好，用共产党员的标准严格要求自己，工作上不要有失误"。把自己的事情做好，对普通党员干部而言，首要的就是各司其职，努力克服本领不足、本领恐慌、本领落后的问题，避免陷入少知而迷、不知而盲、无知而乱的困境。不论是新问题还是老问题，不论是长期存在的老问题还是改变了表现形式的老问题，要认识好、解决好，唯一的途径就是增强自己的本领。为此，要不断增强工作的科学性、预见性、主动性，做事要体现时代性、把握规律性、富于创造性，以强烈的政治责任感和历史使命感面对未来，不为似是而非的意见所扰，不为敌对势力的恶意所困，在千头万绪的工作中区分轻重，听从党的召唤，贯彻落实好党中央决策部署，时刻以党和人民事业为重，以实际行动迎接党的二十大胜利召开。

《光明日报》（2022年08月19日第11版）

始终坚持人民至上的价值追求

万光侠

习近平总书记在省部级主要领导干部"学习习近平总书记重要讲话精神,迎接党的二十大"专题研讨班上发表重要讲话强调:"前进道路上,全党要坚持全心全意为人民服务的根本宗旨,树牢群众观点,贯彻群众路线,尊重人民首创精神,坚持一切为了人民、一切依靠人民,从群众中来、到群众中去,始终保持同人民群众的血肉联系,始终接受人民批评和监督,始终同人民同呼吸、共命运、心连心。"这一重要论述是对"坚持人民至上"这一百年历史经验的再次阐述,充分彰显了习近平新时代中国特色社会主义思想人民至上的价值追求,为我们在新时代新征程上始终坚持人民至上提出了明确要求、提供了根本遵循。

必须始终坚持把人民利益放在最高位置

为谁立命、为谁谋利是一个政党的立场性、根本性问题。人民立场是中国共产党的根本政治立场,人民至上是中国共产党不懈奋斗的价值遵循,更是中国共产党保持先进性和纯洁性的价值追求。我们党作为马克思主义政党,是中国工人阶级的先锋队,同时是中国人民和

四、新时代青年当争做艰苦奋斗、无私奉献的模范

中华民族的先锋队。"党代表中国最广大人民根本利益,没有任何自己特殊的利益,从来不代表任何利益集团、任何权势团体、任何特权阶层的利益,这是党立于不败之地的根本所在。"人民是我们党的执政基础和最大底气,全心全意为人民服务是我们党的根本宗旨,是我们党一切行动的根本出发点和落脚点,是我们党区别于其他一切政党的根本标志。我们党从诞生之日起,就把实现人民幸福鲜明地写在自己的旗帜上,融入革命建设改革的伟大实践中,中国共产党百多年来的全部奋斗都是为了让人民过上好日子。正是因为这样,我们党才赢得了人民群众的拥护支持,凝聚起巨大的前进力量。党的十八大以来,习近平总书记反复告诫全党:"为什么人的问题,是检验一个政党、一个政权性质的试金石。带领人民创造美好生活,是我们党始终不渝的奋斗目标。""党的根基在人民、血脉在人民、力量在人民,人民是党执政兴国的最大底气。""江山就是人民、人民就是江山,打江山、守江山,守的是人民的心。"

党的性质宗旨、党的初心使命决定了要把人民利益摆在至高无上的地位,要把人民利益作为党的一切工作的出发点。我们党为人民而生、因人民而兴,看任何问题、作任何决策、抓任何工作,关键在于人民利益能否得到充分实现、维护与发展,人民的需要是否得到充分满足与实现。党的十九大将"坚持以人民为中心"作为新时代坚持和发展中国特色社会主义的基本方略之一,坚持把让老百姓过上好日子作为全部工作的出发点和落脚点,把人民对美好生活的向往作为奋斗目标,始终为人民代言、为人民立言,充分体现了立党为公、执政为民的执政理念,体现了为中国人民谋幸福、为中华民族谋复兴的使命担当,体现了人民至上的根本价值追求。历史和现实充分证明,人民是我们党打江山、守江山的目的所在、胜利之本,正是有人民群众的

广泛支持和拥护，党执政才有了牢固的阶级基础和广泛的群众基础，党才有了旺盛的生命力和强大的战斗力。习近平总书记强调："全面建设社会主义现代化国家，实现新时代新征程各项目标任务，关键在党。我们党是世界上最大的马克思主义执政党，要巩固长期执政地位、始终赢得人民衷心拥护，必须永葆'赶考'的清醒和坚定。"立足新时代新征程，坚持人民至上的价值追求，继续推进新时代党的建设新的伟大工程，必须始终坚持全心全意为人民服务的根本宗旨，必须始终站稳人民立场，切实实现好、维护好、发展好最广大人民的根本利益。

必须始终坚持尊重人民主体地位

唯物史观认为，人民群众是人类历史活动的主体，是推动历史发展和社会变革的决定性力量。马克思、恩格斯指出："历史活动是群众的活动，随着历史活动的深入，必将是群众队伍的扩大。"人民是以"持久的、引起重大历史变迁的行动"，推动社会发展与变革。毛泽东同志强调，"人民，只有人民，才是创造世界历史的动力""群众是真正的英雄"，将一切依靠群众作为力量之源。人民是我们强党兴国的根本所在，中国特色社会主义是亿万人民自己的事业，人民群众积极性、主动性和创造性的发挥，人民群众的实践探索、实践智慧，是中国特色社会主义发展的力量源泉。习近平总书记指出："人民是创造历史的动力，我们共产党人任何时候都不要忘记这个历史唯物主义最基本的道理。""人民是历史的创造者，人民是真正的英雄。"新时代10年的伟大变革，在党史、新中国史、改革开放史、社会主义发展史、中华民族发展史上具有里程碑意义，"我们取得的一切成就，都是党和人民一道奋斗出来的"。

坚持人民至上，尊重人民主体地位，必须用好群众路线这一重要法宝。习近平总书记指出："群众路线是我们党的生命线和根本工作路线，是我们党永葆青春活力和战斗力的重要传家宝。"立足新时代新征程，坚持人民至上的价值追求，坚持发展依靠人民，尊重人民主体地位，尊重人民首创精神，我们必须始终相信人民、尊重人民，尊重劳动、尊重知识、尊重人才、尊重创造，通过体制改革和机制完善，激发人民的创造热情，最大限度发挥人民的聪明才智，充分调动人民的积极性、主动性和创造性。要善于从人民群众实践中汲取智慧和力量，真心拜人民为师、向人民学习。要树牢群众观点，贯彻群众路线，用好"从群众中来、到群众中去"的工作方法，始终同人民群众想在一起、干在一起，风雨同舟、同甘共苦，始终同人民群众同呼吸、共命运、心连心，不断密切党同人民群众的血肉联系，赢得人民群众拥护和支持。唯有如此，才能夺取中国特色社会主义新胜利，实现全面建成社会主义现代化强国和中华民族伟大复兴的奋斗目标。

必须始终坚持推动实现人的全面发展和全体人民共同富裕

马克思主义认为，社会发展的根本旨归是为了人的自由全面发展，即"建立在个人全面发展和他们共同的、社会的生产能力成为从属于他们的社会财富这一基础上的自由个性"。实现人的自由全面发展是由社会主义本质所决定的。党的十八大以来，以习近平同志为核心的党中央坚持以人民为中心的发展思想，统筹发展全局，聚焦民生需求，作出有效制度安排，千方百计解决好人民群众最关心最直接最现实的利益问题和人民群众急难愁盼问题，大力推进民生建设，不断增强人民群众获得感、幸福感、安全感。

习近平总书记强调："促进共同富裕与促进人的全面发展是高度统一的。""共享理念实质就是坚持以人民为中心的发展思想，体现的是逐步实现共同富裕的要求。"坚持人民至上的价值追求，就是坚持发展成果由人民共享，让发展成果更多更公平惠及全体人民，坚定不移走全体人民共同富裕道路。共同富裕是社会主义的本质要求，是中国特色社会主义的根本原则，是中国式现代化的重要特征。共同富裕是全体人民的富裕，是人民群众物质生活和精神生活都富裕，不是少数人的富裕，也不是整齐划一的平均主义。立足新时代新征程，坚持人民至上的价值追求，要秉持"发展为了人民"的价值要义，以人的全面发展为发展的根本尺度，把增进民生福祉作为发展的根本目的。顺应人民群众日益增长的美好生活需要，着力解决发展不平衡不充分问题，不断解放和发展社会生产力，在高质量发展中促进共同富裕。大力维护促进社会公平正义，妥善处理各种复杂利益关系，正确处理个人利益和集体利益、局部利益和整体利益、当前利益和长远利益的关系，共同培育自尊自信、理性平和、积极向上的社会心态，形成促进改革发展稳定的强大合力，不断实现人的全面发展与社会全面进步、推动全体人民共同富裕取得更为明显的实质性进展。

《光明日报》（2022年08月22日第06版）

始终坚持人民至上的政治立场

董振华

习近平总书记在省部级主要领导干部"学习习近平总书记重要讲话精神,迎接党的二十大"专题研讨班上发表重要讲话指出,"前进道路上,全党要坚持全心全意为人民服务的根本宗旨,树牢群众观点,贯彻群众路线,尊重人民首创精神,坚持一切为了人民、一切依靠人民,从群众中来、到群众中去,始终保持同人民群众的血肉联系,始终接受人民批评和监督,始终同人民同呼吸、共命运、心连心"。坚持马克思主义的世界观和方法论,就要坚持马克思主义的基本立场,把造福人民和人类解放作为价值追求,紧紧依靠人民创造历史伟业。

坚持人民至上的政治立场,必须坚持全心全意为人民服务的根本宗旨。习近平总书记指出:"全心全意为人民服务,是我们党一切行动的根本出发点和落脚点,是我们党区别于其他一切政党的根本标志。党的一切工作,必须以最广大人民根本利益为最高标准。"让人民大众摆脱自然界、人类社会和思想的奴役和压迫,成为自由全面发展的人,是马克思主义的基本价值追求。作为以马克思主义为指导建立的政党,共产党除了人民利益没有自己的特殊利益。《共产党宣言》指出:"共产党人不是同其他工人政党相对立的特殊政党。他们没有任何同整个无产阶级的利益不同的利益。"为实现人民的根本利益，可以牺牲自己个人的一切，甚至不惜牺牲生命，这就是共产党人的人生观和价值观。我们党自成立之日起，就把坚持人民利益高于一切鲜明地写在自己的旗帜上，把全心全意为人民服务作为根本宗旨，把实现好、维护好、发展好最广大人民根本利益作为一切工作的出发点和落脚点。百余年来，我们党之所以能够从小到大、由弱到强，关键就在于始终坚持以人民为中心，做到权为民所用、情为民所系、利为民所谋。中国共产党的初心和使命，就是为中国人民谋幸福、为中华民族谋复兴。实现中华民族伟大复兴的中国梦，归根结底在于人民幸福，也就是践行马克思主义"造福人民，为绝大多数人谋福利"这一核心价值追求。

坚持人民至上的政治立场，必须坚持以人民利益作为最高评判标准。党的根本宗旨是全心全意为人民服务，党的根本政治立场是人民立场，那么，检验党的一切工作的根本标准应该是以人民利益为标准。正如毛泽东所指出的，"共产党人的一切言论行动，必须以合乎最广大人民群众的最大利益，为最广大人民群众所拥护为最高标准"。习近平总书记多次强调："党的一切工作必须以最广大人民根本利益为最高标准"；"必须始终把人民利益摆在至高无上的地位，让改革发展成果更多更公平惠及全体人民，朝着实现全体人民共同富裕不断迈进"；"使人民获得感、幸福感、安全感更加充实、更有保障、更可持续"；"我们党的执政水平和执政成效都不是由自己说了算，必须而且只能由人民来评判。人民是我们党的工作的最高裁决者和最终评判者"。共产党人要把人民拥护不拥护、赞成不赞成、高兴不高兴、答应不答应作为衡量一切工作得失的根本标准，以造福人民为最大政绩。这里的人民拥护、赞成、高兴、答应等是人民美好生活客观效果的价值显现。可以说，人民美好生活是中国特色社会主义新时代人民利益的直接现实呈现与反映，与人民利益标准是一致的，顺应了时代潮流，回应了人民关切，把握住了时代发展的脉搏和社会主要矛盾变化的新特点，为在新的时代条件下坚持和发展中国特色社会主义提供了价值标尺。

坚持人民至上的政治立场，必须坚持以人民为中心的发展思想。发展为了人民，是社会主义的根本目的，也是社会主义与资本主义的根本区别。以人民为中心的发展思想，不是一个抽象玄奥的概念，不能只停留在口头上、止步于思想环节，而要体现在经济社会发展各个环节。习近平新时代中国特色社会主义思想坚持以人民为中心，科学判断我国发展的历史方位，深刻把握人民群众需要呈现多样化多层次多方面的特点，着眼于人的全面发展和社会全面进步，不断深化对共产党执政规律、社会主义建设规律、人类社会发展规律的认识，作出"中国特色社会主义进入新时代，我国社会主要矛盾已经转化为人民日益增长的美好生活需要和不平衡不充分的发展之间的矛盾"的科学论断。党的十八大以来，我们党坚持以人民为中心的发展思想，统筹推进"五位一体"总体布局、协调推进"四个全面"战略布局，强调坚定中国特色社会主义道路自信、理论自信、制度自信、文化自信，把实现好、维护好、发展好最广大人民根本利益作为一切工作的出发点和落脚点，既聚焦解决人民群众最关注的热点难点焦点问题，又着力维护和实现人民群众在经济、政治、文化、社会、生态等各方面的权益，在整体推进、重点突破中推动中国特色社会主义事业不断向前发展。

坚持人民至上的政治立场，必须坚持群众观点和群众路线。马克思主义唯物史观认为，人民群众是社会实践的主体，是社会物质财富和社会精神财富的创造者，是社会变革的决定力量。坚持群众观点和群众路线，不仅是一种政治立场、政治要求，也是一个重大的实践问题。毛泽东指出："我们共产党人区别于其他任何政党的又一个显著的标志，就是和最广大的人民群众取得最密切的联系。全心全意地为人民服务，一刻也不脱离群众；一切从人民的利益出发，而不是从个人或小集团的利益出发；向人民负责和向党的领导机关负责的一致性；这些就是我们的出发点。"中国共产党坚持马克思主义唯物史观，深刻认识到了人民群众的伟大力量，在历史进程中创造性地发展了马克思主义的群众观点和群众路线，将党和人民群众紧密地联系在一起。人民群众是党的力量源泉和胜利之本，我们党之所以能够领导人民取得革命、建设和改革的伟大成就，一个根本原因，就在于我们党始终深深地扎根于人民群众之中，人民群众为我们党提供了不竭的智慧和力量。历史一再证明，群众路线是党的生命线和根本工作路线，是我们取得巨大成就的法宝。我们要充分发挥人民主人翁精神，坚持马克思主义群众观点和党的群众路线，坚持人民主体地位，把人民利益放在第一位，把实现好、维护好、发展好最广大人民根本利益作为党和国家一切工作的出发点和落脚点。

坚持人民至上的政治立场，必须坚持统筹兼顾原则，协调好各种重大利益关系。人民群众的整体利益总是由各方面的具体利益构成。我们所有的政策措施和工作，都应该正确反映并有利于妥善处理各种利益关系，都应该认真考虑和兼顾不同阶层、不同方面群众的利益。应该看到，最广大人民的根本利益是最紧要和最具决定性的因素。这就要求我们在对待利益问题上，既不能漠视眼前利益，又不能不考虑人民群众的长远利益；既不能小视每个人的具体利益，又不能不顾及人民群众的整体利益。只有将个人利益与整体利益、当前利益与长远利益正确地统一起来,才能让人民群众得到实在长远的利益。坚持人民至上的政治立场,就要统筹兼顾全局和局部、当前和长远、重点和非重点等各个方面的利益关系,让发展的成果更加全面、更加公平、更加长久地惠及全体人民,让大家"共同享有人生出彩的机会,共同享有梦想成真的机会,共同享有同祖国和时代一起成长与进步的机会",这也是中国特色社会主义本质特征在当下的重要体现。

建设中国特色社会主义是前无古人的事业,社会主义现代化和中华民族伟大复兴任务无比艰巨。中国特色社会主义事业是人民的事业,没有亿万人民的积极参与,社会主义现代化就不可能实现。中国特色社会主义事业的最终受益者是人民群众,建设者也是人民群众,我们只有坚持一切为了人民、一切依靠人民,才能把广大人民群众最广泛地团结起来,把一切积极因素调动起来,把人民群众的智慧和力量凝聚起来,继续统筹推进"五位一体"总体布局、协调推进"四个全面"战略布局,踔厉奋发、勇毅前行、团结奋斗,奋力谱写全面建设社会主义现代化国家崭新篇章。

《学习时报》(2022年08月05日第01版)

青年楷模：贾君婷仙

残奥冠军走上新赛道
——记贾君婷仙

"非常荣幸能获得这份荣誉，我现在从事特教工作，唯有继续自我勉励，把爱和温暖传递下去，才不负自己的青春。"第26届中国青年五四奖章获得者贾君婷仙在接受采访时说。

刻苦训练
圆梦田径赛场

今年36岁的贾君婷仙出生于江西省萍乡市，因患有先天性眼疾导致双目失明。但在她心里，一直有个梦想，就是像正常人一样自由奔跑。2002年，自幼便展现出运动天赋的她，被江西省残联选拔为田径运动员。进入训练队，她每天天没亮就起床训练，一直训练到天黑，双休日别人在休息，她还在坚持训练。

2003年9月，全国第六届残疾人运动会在南京举行，这是贾君婷仙第一次参加大型运动会，她夺得两枚银牌。从那时候起，她更加严格地要求自己，主动出击，扎实训练，"别人能够做到的，我也一定能行！"

虽然看不见这个世界,但贾君婷仙却在奔跑中一次次冲破"眼前"的障碍,让世界看见了她。

在多年的运动生涯中,她先后斩获43枚国家和世界级体育奖牌。2016年里约残奥会,她登上了里约残奥会女子T11–T13级4×100米接力项目冠军领奖台,并打破了世界纪录。

转变角色
走上三尺讲台

2017年,退役后的贾君婷仙站上讲台,成为江西省萍乡市特殊教育学校的一名教师,从事盲文、定向行走、形体矫正和盲人计算机等教学工作。

"我想当好一名特教教师,让那些和我一样的残障孩子能够融入社会大家庭。我希望每个孩子通过努力学习,都能勇敢地实现自己的人生价值。"贾君婷仙说。

除常规课程外,她还教学生朗诵、弹琴、定向行走等实用技能。她针对每个学生的不同情况,给每个学生一人准备一个教案,因材施教。让她引以为豪的是,她的学生有的在全省朗诵比赛中获得季军,还有的在全国性的残疾人运动会上获得亚军。

从残奥冠军到特教教师,角色发生转变的贾君婷仙直言没什么不适应。"在特校工作,我会格外重视学生们的心理健康问题。"在她看来,要像了解自己一样了解学生们,知道孩子们有哪些不方便的地方,有哪些困难。

传递爱心
坚持志愿服务

"对我而言,最有意义的是做公益。"贾君婷仙说,"我从小得到了很多人的帮助,我要把这些爱传递出去,从身边点点滴滴小事做起,帮助需要帮助的人,做力所能及的事,让他们也能感受到阳光和温暖。"

谈到大家对自己的帮助,她几度哽咽。比如有次坐公交车,有乘客好心提醒说,"姑娘,那里有个座位",但贾君婷仙看不见不知道那里是哪里,就在她茫然无措时,那位乘客小心地牵她过去。

在国家队集训时,贾君婷仙常常省下生活费,为那些重病患者捐款。如今,一到周末,有时间她就和家人去做公益。她积极参加各种宣讲团,去乡镇街道宣讲,讲励志故事;还去探访特殊学校的学生,慰问敬老院老人,参加"爱心送考"……据不完全统计,20余年来,她与丈夫累计参加志愿服务时长近5000个小时,捐款捐物近20万元,帮助贫困队员和盲人群体上千人。

从残奥冠军到特教教师再到公益达人,虽然看不见这个世界,但贾君婷仙却用顽强不息的拼搏精神和满腔的热忱,让自己的青春发光发亮。

(周静圆)

人民网(2020年06月16日)

身边榜样：沈富琼

高原支医，倾情守护牧民健康

我出生在四川省甘孜州丹巴县一个普通农民家庭，小时候，就听村里人说甘孜州许多地方急缺医生。我暗自下定决心，长大后要当一名医生，在家乡治病救人。

2009年，我从泸州医学院（现西南医科大学）毕业，通过"三支一扶"计划，来到了麻邛乡卫生院工作，从此开始了我的"支医"生涯。

刚工作时，麻邛乡不通水、电，烧火做饭要用钢炉，取水要到河沟，没有信号和网络。这里平均海拔4000多米，有时我也会出现高原反应。到了夜里，房间漆黑一片，我心里害怕，就点根蜡烛再入睡。当时，现实环境让我产生了落差感，但当我跟着院长出诊，看到病人治愈后灿烂的笑容，满满的成就感逐渐替代了落差感。

麻邛乡地域广阔，群众居住分散、交通不便，我和同事们就骑行、徒步，把医疗服务送上门。

夏季是高原的雨季。有一天，下着大雨，为了及时赶到一位生病的牧民家里，我和同事骑着摩托车出诊。中途，我们发现唯一的一条小路被雨水冲垮了，便决定徒步穿过层层树林，走了大概三个小时，才到了牧民家里。为他看完病后，我们又原路返回。下过雨的路崎岖泥泞，全身湿透的我们靠着手机微弱的光亮，磕磕绊绊地走着，直到次日凌晨一点才到家。

一次次翻山越岭，一趟趟上门问诊，我和当地群众的感情越来越深。巡诊后，有些群众会往我的手里塞一些酥油茶、酸奶、糌粑等，这让我觉得心里暖洋洋的。

工作后的第一个月，我就递交了入党申请书。2011年，我正式成为一名中国共产党党员。2017年，我兼任麻邛乡安章村第一书记。

今天，麻邛乡通了水、电，有了无线网络，当地群众看病难的问题也基本得到了解决。以前卫生院是又矮又旧的木瓦房，现在变成了崭新的三层办公大楼。

2022年，我获得了"最美基层高校毕业生"称号，这是莫大的荣誉与激励。作为一名党员、医务人员，为人民服务、救死扶伤是我应该做并将坚持终身的事。

《光明日报》（2022年05月16日第07版）

五、新时代青年当争做崇德向善、严守纪律的模范

加强新时代公民道德建设 培养担当民族复兴大任的时代新人

打好堪当民族复兴重任时代新人的"底色"

从百年党史中汲取道德力量

崇尚共产党人的大德公德私德

青年干部成长应把握"七倡七戒"

> 青年声音

崇德向善、严守纪律

人民日报评论部

用柔弱双肩为家庭撑起一片天的大学生刘羲檬,帮助30余位残障人士就业的特殊教育教师贾君婷仙,从突发火情中勇救一家三口的快递员张裕……不久前,第二十六届"中国青年五四奖章"获奖名单公布,这些90后、00后年轻人,充分展现了当代中国青年的道德坚守和价值追求。党的十八大以来,一大批青年优秀人物成为全社会学习的榜样,各级共青团员发挥先锋模范作用,广大青年成为社会主义核心价值观的践行者,为提高全社会文明程度作出积极贡献。

在庆祝中国共产主义青年团成立100周年大会上,习近平总书记要求新时代广大共青团员"做崇德向善、严守纪律的模范,带头明大德、守公德、严私德,严格遵纪守法,严格履行团员义务"。青年只有自觉践行社会主义核心价值观,以道德浸润心灵,以纪律规范行为,才能扣好人生第一粒扣子,为自身成长成才提供更为主动的精神力量,为党和国家事业发展注入源源不断的青春力量。

"才者,德之资也;德者,才之帅也。"品德是为人之本,做人做事第一位的是崇德修身。"若无德,则虽体魄智力发达,适足助其为恶。"习近平总书记曾引用这句话,说明道德之于个人、之于社会的基础性意义。青年处在价值观形成和确立的时期，抓好这一时期的价值观养成十分重要。一个民族的文明素养很大程度上体现在青年一代的道德水准和精神风貌上。广大青年是否崇德向善，不仅关乎人生道路能否走得正、走得远，更关乎整个社会是否风清气正、朝气蓬勃。广大青年务须加强品德锤炼，自觉树立和践行社会主义核心价值观，自觉用中华优秀传统文化、革命文化、社会主义先进文化培根铸魂、启智润心，努力成长为堪当民族复兴重任的时代新人。

道不可坐论，德不能空谈。在运动场上争金夺银，彰显为国争光的家国情怀；在抗疫一线救死扶伤，折射一心为民的赤诚之心；在田间地头寒耕暑耘，体现勤劳坚韧的奋斗之美……正确的道德认知、自觉的道德养成、积极的道德实践是紧密结合、相辅相成的，一个人只有明大德、守公德、严私德，其才方能用得其所。崇尚对党忠诚的大德，才能筑牢理想信念、认清大是大非；崇尚造福人民的公德，才能以人民为中心、以天下为己任；崇尚严于律己的品德，才能清清白白做人、干干净净做事。以大德铸魂、公德善心、品德润身，就能激发出更多向上向善的力量。

心有所戒，行有所止。一个道德上有追求的人，往往对纪律重要性的理解也相对深刻，同时自身也有着高度的纪律自觉。青年人修身立德，必须把守纪律讲规矩摆在更加重要的位置。国家博物馆藏有一块井冈山斗争时期的包袱布，上面写有"六项注意"，当年的年轻战士就是以此自警自励，锻造出"一个可以当十个"的战斗力；上海解放纪念馆藏有一本名为《入城纪律》的小册子，当年人民解放军进驻上海城区时，十万大军严格遵守入城纪律露宿街头，受到群众欢迎。有规则意识、有纪律意识、有法治意识，就能把他律要求转化为内在追求，做到不放纵、不越轨、不逾矩。

回望历史，抗战时期进步青年即便长途跋涉也要"到延安去"，新中国成立后青年突击队响应号召艰苦创业、建设国家，改革开放后爱岗敬业、服务人民的青年岗位能手纷纷涌现，新时代青年在党和人民最需要的时刻冲得出来、顶得上去，一代又一代青年在伟大事业中锤炼品德修为，把青春播撒在民族复兴的征程上。立大志、明大德、成大才、担大任，青年一代必将收获更有高度、更有境界、更有品位的人生，让青春绽放更为绚丽的光芒，用青春和汗水创造出让世界刮目相看的新奇迹。

《人民日报》（2022年05月20日第05版）

加强新时代公民道德建设
培养担当民族复兴大任的时代新人

吴玉军

《新时代公民道德建设实施纲要》指出，不断提升公民道德素质，促进人的全面发展，培养和造就担当民族复兴大任的时代新人。"功以才成，业由才广。"在日益激烈的国际竞争中，一个国家的发展能否抢占先机、赢得主动，从根本上说在于国民的整体素质。人民是决定国家命运的根本力量，人民有高尚的情操、高远的情怀、坚定的信仰和远大的理想，国家也就必定有着美好与光明的未来。在21世纪中叶，要把我国建成富强民主文明和谐美丽的社会主义现代化强国，逐步实现中华民族伟大复兴的中国梦，必须大力培养和造就一代又一代有理想、有本领、有担当的时代新人。

筑牢理想信念之基，补足时代新人精神之钙。人民有信仰，国家有力量，民族有希望。理想信念是人的精神脊梁，是激励人们砥砺前行的力量之源。习近平总书记在纪念红军长征胜利80周年大会上的讲话中指出："心中有信仰，脚下有力量；没有牢不可破的理想信念，没有崇高理想信念的有力支撑，要取得长征胜利是不可想象的。"理想信念是指引和支撑中国人民站起来、富起来到强起来的强大精神力量。实现中华民族伟大复兴的中国梦是长征再出发，是长期而艰巨的伟大事业，需要付出极其艰辛的努力，没有坚定的理想信念，就会导致精神"缺钙"，就会得"软骨病"，就不可能承担并完成使命任务。担当民族复兴大任的时代新人，必须牢固树立共产主义远大理想和中国特色社会主义共同理想，坚定正确政治方向，坚定中国特色社会主义道路自信、理论自信、制度自信、文化自信，坚定听党话、跟党走的人生追求，矢志不渝为实现共产主义远大理想和中国特色社会主义共同理想而奋斗。理论上清醒，政治上才能坚定。坚定的理想信念，必须建立在对马克思主义的深刻理解之上。要坚持用马克思主义的立场、观点、方法认识世界，把握人类社会发展的客观规律，用马克思主义中国化最新成果——习近平新时代中国特色社会主义思想武装头脑、指导实践、推动工作，在学懂弄通做实上下功夫，全面掌握这一科学理论的基本观点、理论体系，切实把这一科学理论落实到实际工作中。

礼敬自豪优秀传统文化，浇铸时代新人之魂。文化是一个国家、一个民族的灵魂。没有高度的文化自信，没有文化的繁荣兴盛，就没有中华民族的伟大复兴。担当民族复兴大任的时代新人必须树立高度的文化自觉和文化自信。而这种自觉和自信的获得，首先源自礼敬自豪中华优秀传统文化。源远流长、博大精深的中华优秀传统文化，积淀着中华民族最深层的精神追求，包含着中华民族最根本的精神基因，为中华民族生生不息、发展壮大提供了强大精神支撑。要充分发掘文化经典、历史遗存、文物古迹承载的丰厚道德资源，弘扬古圣先贤、民族英雄、志士仁人的嘉言懿行，让中华文化基因植根于人们的思想意识和道德观念。深入阐发中华优秀传统文化蕴含的讲仁爱、重民本、守诚信、崇正义、尚和合、求大同等思想理念，深入挖掘自强不息、敬业乐群、扶正扬善、扶危济困、见义勇为、孝老爱亲等传统美德，并结合新的时代条件和实践要求继承创新，充分彰显其时代价值和永恒魅力，使之与现代文化、现实生活相融相通，成为全体人民精神生活、道德实践的鲜明标识。紧密围绕立德树人根本任务，把中华优秀传统文化全方位融入思想道德教育、文化知识教育、艺术体育教育、社会实践教育各环节，让中华优秀传统文化在一代代接续传承中不断发扬光大。

弘扬革命文化，传承红色基因，培育红色传人。诞生于民族危亡局势下的中国共产党，为中华民族的独立、中国人民的解放作出了不懈努力并付出了巨大牺牲，在波澜壮阔的革命中创造了带有鲜明中国烙印的革命文化。革命文化彰显了中国共产党人对理想信念的无比忠诚，凝聚了中国人民深沉的爱国情怀，不论过去、现在还是将来，都是激励中华儿女为实现中华民族伟大复兴而勇往直前的精神动力。要做好红色基因的传承，把革命文化蕴含的坚定理想信念、崇高价值追求发扬光大，在新时代把革命先辈开创的伟大事业不断推向前进。要加强对党史、军史、国史的研究，牢牢把握党的历史发展主题主线，深刻揭示党的历史发展的主流和本质，坚决反对任何歪曲和丑化党的历史的错误倾向。要心怀崇敬，浓墨重彩记录英雄、塑造英雄，让英雄的事迹和精神得到广泛传播，营造崇尚英雄、学习英雄、捍卫英雄、关爱英雄的浓厚氛围，依法依规严肃惩戒污蔑诋毁英雄、伤害民族感情的恶劣言行。加强革命文物保护，做好革命遗址、遗迹、烈士纪念设施的保护和利用，充分发挥其资政育人功能。讲好红色故事，引导人们深刻认识红色政权来之不易，新中国来之不易，中国特色社会主义来之不易，进而激发人们爱党爱国之志、增强奋进奋发之力，勇于克服前进道路上的困难和挫折，走好新时代长征路。大力推进革命文化进教材、进课堂、进校园，让红色基因在青少年学生心中扎根，让革命文化薪火相传。

培养斗争精神，造就可堪大用、能担重任的栋梁之材。马克思说："如果斗争只是在有极顺利的成功机会的条件下才着手进行，那么创造世界历史未免就太容易了。"中华民族伟大复兴，绝不是轻轻松松、敲锣打鼓就能实现的，实现伟大梦想必须进行伟大斗争。在前进道路上我们面临的风险考验只会越来越复杂，甚至会遇到难以想象的惊涛骇浪。我们面临的各种斗争不是短期的而是长期的，至少要伴随我们实现第二个百年奋斗目标全过程。担当民族复兴大任的时代新人必须做好进行长期的、艰巨的、复杂的斗争准备，始终保持不畏艰险、积极进取、勇于开拓的精神状态。要有高远的志向，培养敢于担当、不懈奋斗的精神，保持乐观向上的人生态度，做到刚健有为、自强不息。要引导青少年树立扎根人民、奉献国家，为人民不懈奋斗、同人民一起奋斗的远大志向，把人民对美好生活的向往作为自身的奋斗目标，传承接力奋斗精神，以青春之我、奋斗之我为民族复兴铺路架桥，为祖国建设添砖加瓦。要使其经受思想淬炼、实践锻炼，在改革开放和社会主义现代化建设的大熔炉中，在社会的大学校里，经风雨、见世面、壮筋骨，努力成为可堪大用、能担重任的栋梁之材。

培育健康理性的国民心态，树时代新人良好形象。国民心态是综合国力的重要组成部分，是助推国家发展的强大动力。随着中国日益走近世界舞台中央，不断为人类作出更大贡献，必须切实提升国民素质，建构与大国地位相符合、与综合国力相匹配的国民心态。要培养公民宽广的国际视野和世界眼光、厚重的大国胸襟和大国情怀，引导人们做到理性爱国，理性合法有序地表达自己的爱国情怀，一方面要反对崇洋媚外、妄自菲薄，另一方面要反对极度自信、盲目排外。随着越来越多的中国人走出国门经商、旅游、探亲，每一个出境者都是向国际社会展示我们国家的名片，每个人的一言一行、一举一动都在展示着全体人民的精神风貌，代表着国家形象，其言谈举止都会程度不同地影响他国人民对我们整个国家和民族的认知认同。要实施中国公民旅游文明素质行动计划，加强文明宣传教育，引导人们在境外旅游、求学、经商、探亲中，尊重当地法律法规和文化习俗，展现中华美德，维护国家荣誉和利益。引导人们在各种国际场合、涉外活动和交流交往中，树立自尊自信、开放包容、积极向上的良好形象。

《光明日报》（2019年12月12日第04版）

五、新时代青年当争做崇德向善、严守纪律的模范

打好堪当民族复兴重任时代新人的"底色"

万资姿

新时代的中国青年是大有可为、大有作为的一代。2022年5月10日,在庆祝中国共产主义青年团成立100周年大会上的重要讲话中,习近平总书记强调:"新时代的中国青年,生逢其时、重任在肩,施展才干的舞台无比广阔,实现梦想的前景无比光明。"那么,生逢新时代的中国青年应该确立什么样的奋斗目标,应该以什么样的精神状态担负起党和人民赋予的历史重任呢? 2022年4月25日,习近平总书记在中国人民大学考察时对广大青年提出殷切期望:"争做堪当民族复兴重任的时代新人,在实现中华民族伟大复兴的时代洪流中踔厉奋发、勇毅前进。"概言之,新时代的中国青年当心怀"国之大者",以实现中华民族伟大复兴为己任,以青春之我贡献伟大时代。回望中国共产主义青年团的百年征程,对党忠诚,不负人民,不断增强做中国人的志气、骨气、底气,构成了堪当民族复兴重任时代新人的政治底色、价值底色和精神底色。

对党忠诚是堪当民族复兴重任的时代新人的政治底色

新时代的中国青年必须牢记党的教诲,始终对党忠诚,自觉把听

党话、跟党走的信念内化于心、外化于行。对党忠诚，关乎党和国家事业发展的全局和未来，是堪当民族复兴重任的时代新人的政治底色。习近平总书记语重心长地指出："青年之于党和国家而言，最值得爱护、最值得期待。"

青年是至关重要的政治力量，是政党建设必须要团结的重要对象。正如列宁所强调的："在文明国家里，没有一个政党会不了解尽可能广泛和牢固地建立学生会和工会的巨大益处，但是任何一个政党都力求使自己的影响在这些团体中占优势。"对于任何一个政党而言，青年是否了解政党、是否参与政党、是否建设政党，对政党是否能够取得执政的地位以及执政能力的高低、执政效果的好坏有相当大的影响。历史是最好的教科书，也是最好的清醒剂。20世纪80年代末90年代初，苏联解体、东欧剧变，偌大的苏联共产党轰然倒台，一个根本原因就在于，苏联共产党已完全脱离群众，失去了苏联人民，失去了苏联青年。当前，我们必须清醒地看到，在世界百年未有之大变局中，新时代广大中国青年已经成为西方针对中国进行"和平演变"的主要对象。基于此，新时代广大青年思想政治引领的斗争形式更具复杂性、隐蔽性，中国青年的政治立场关乎中华民族的前途命运，能否将广大青年团结在党的周围，能否构建稳定、牢固的党青关系，是马克思主义政党执政能力的重要体现。

没有共产党，就没有中国共青团。百年征程，塑造了共青团坚持党的领导的立身之本。一百年来，中国共青团始终与党同心、跟党奋斗，团结带领广大团员青年把忠诚书写在党和人民事业中。因此，新时代必须坚定不移地坚持党管青年，重视青年组织建设，加强对青年的思想政治教育，努力把新时代中国青年培养成为对党忠诚的先锋，厚植堪当民族复兴重任时代新人的政治底色。为此，广大青年工作者就必须在坚持党的领导、对党绝对忠诚上做出表率、走在前列、干在实处，身体力行，听党话、跟党走，提高辨别是非曲直的能力。

不负人民是堪当民族复兴重任的时代新人的价值底色

新时代的中国青年要立志民族复兴，不负韶华，不负时代，不负人民，在青春的赛道上奋力奔跑，争取跑出当代青年的最好成绩。当代中国青年生逢强国时代，肩负民族复兴重任。人民立场是马克思主义政党区别于其他政党的显著标志，也是新时代青年工作者必须站稳、必须坚持的根本立场。

不负人民，就要求新时代的中国青年在全面建设社会主义现代化国家新征程中，勇当开路先锋、争当事业闯将，争做"先锋分子"。对于新时代青年工作者而言，就是要心系广大青年，始终成为党联系青年最为牢固的桥梁纽带。在庆祝中国共产党成立95周年大会上的重要讲话中，习近平总书记就着重强调："全党要关注青年、关心青年、关爱青年。"青年是人民群众的中坚力量，既是开启第二个百年奋斗目标的参与者，又是历史成就的享有者；既是社会转型的亲历者，又是社会进步的推动者。新时代中国青年工作者必须解决好青年发展与社会发展的现实矛盾，落实青年群众的现实利益，这是党在青年工作领域践行初心使命的具体体现，也是青年工作者坚守人民立场的具体实践。

不负人民，就要求新时代中国青年始终把人民群众装在心中，不断厚植人民情怀。对于新时代青年工作者而言，就是要引领广大青年深刻领悟马克思主义人民观、群众观、青年观。马克思主义是人民的理论，人民性是马克思主义的鲜明品格。唯物史观认为，人民是历史的主体、人民是推动历史前进的根本动力,人民群众是社会历史的创造者,是推动社会发展的决定性力量。"江山就是人民,人民就是江山。"中国共产党是全心全意为人民服务的党,自成立之日起就一直在为人民的根本利益而不懈奋斗,中国共产党始终代表最广大人民的根本利益,没有任何自己的特殊利益,党的一切工作必须坚持以人民为中心的发展思想。为此,引导当代中国青年站稳人民立场就是新时代青年工作者的一项重要任务,必须教育引导青年充分认识人民群众的社会历史作用,深刻领悟人民群众对党和国家发展的重大意义,自觉拜人民为师,做社会主义核心价值观的坚定信仰者、积极传播者、模范践行者,向英雄学习、向前辈学习、向榜样学习,争做堪当民族复兴重任的时代新人。

志气、骨气、底气是堪当民族复兴重任的时代新人的精神底色

当代中国青年正处在中华民族发展的最好时期,既面临着难得的建功立业的人生际遇,也肩负着"天将降大任于斯人"的时代使命。新时代的中国青年立志民族复兴,就要以伟大建党精神作为精神源泉,增强做中国人的志气、骨气、底气,使堪当民族复兴重任时代新人的精神底色更加厚重。

青年的精神气质关系到党和国家事业的精神气质,坚持真理、坚守理想,践行初心、担当使命,不怕牺牲、英勇斗争,对党忠诚、不负人民的伟大建党精神是培养有志气、骨气、底气的中国青年的精神之源,伟大建党精神汇集了民族气节,凝结着民族力量,拥有着深厚的民族底蕴。

五、新时代青年当争做崇德向善、严守纪律的模范

志气与理想同源,是千古传承的民族气节。志不立,天下无可成之事。中华民族始终有着"自古英雄出少年"的传统,自古以来始终有着胸怀天下的博大情怀,无论是"安得广厦千万间,大庇天下寒士俱欢颜!风雨不动安如山"的美好愿望,还是"天若有情天亦老,人间正道是沧桑"的奋斗信念,都表明"中华民族是一个有志气的民族。为了探求救亡图存的正确道路,中国的先进分子带领中国人民始终坚持在苦难和挫折中求索、在风雨飘摇中前进,敢于挽狂澜于既倒、扶大厦之将倾,表现出了百折不挠的英雄气概"。新时代,堪当民族复兴重任的时代新人,一定要长志气,要以坚定的理想信念,筑牢信仰之基、把稳思想之舵、补足精神之钙,做有志气的青年。

骨气与责任同源,是勇往直前的民族力量。中华儿女始终拥有"富贵不能淫,贫贱不能移,威武不能屈"的道义责任和坚毅骨气。新中国建立之初,毛泽东同志就宣布:"我们中国人是有骨气的。""中国人死都不怕,还怕困难吗?"今天,习近平总书记强调:"中国人民也绝不允许任何外来势力欺负、压迫、奴役我们,谁妄想这样干,必将在14亿多中国人民用血肉筑成的钢铁长城面前碰得头破血流!"中华儿女铁骨铮铮的坚毅骨气是中华民族一往无前的永恒的民族力量。新时代,堪当民族复兴重任的时代新人,一定要勇立潮头,争做先锋,在实现中华民族伟大复兴的时代洪流中踔厉奋发、勇毅前进。

底气与自信同源,是战无不胜的民族底蕴。底气和自信源于奋斗、来自实力。从"但使龙城飞将在,不教胡马度阴山"的豪情壮志,到抗美援朝时期"萧瑟秋风今又是,换了人间"的深厚底气,再到新时代"浩渺行无极,扬帆但信风"的坚定信念,源于中华民族五千多年悠久历史和灿烂文化。今天,中华民族迎来了从站起来、富

起来到强起来的伟大飞跃，实现中华民族伟大复兴进入了不可逆转的历史进程。新时代，堪当民族复兴重任的时代新人，一定要守正创新，自信自强，在实现中华民族伟大复兴的赛道上奋勇争先，以青春之我、奋斗之我，创造青春之中国，贡献伟大时代。

《光明日报》（2022年05月24日第06版）

从百年党史中汲取道德力量

王维国

欲知大道,必先为史。习近平总书记在党史学习教育动员大会上强调,全党同志要做到学史明理、学史增信、学史崇德、学史力行,学党史、悟思想、办实事、开新局,以昂扬姿态奋力开启全面建设社会主义现代化国家新征程,以优异成绩迎接建党一百周年。把"学史崇德"作为党史学习教育的明确要求提出来,对于教育引导全党进一步深化对党的性质宗旨的认识,始终保持马克思主义政党的鲜明本色,具有重要意义。

国无德不兴,人无德不立。习近平总书记强调:"领导干部要讲政德。政德是整个社会道德建设的风向标。立政德,就要明大德、守公德、严私德。"在一百年的非凡奋斗历程中,一代又一代中国共产党人顽强拼搏、不懈奋斗,涌现了一大批视死如归的革命烈士、一大批顽强奋斗的英雄人物、一大批忘我奉献的先进模范,构筑起了中国共产党人的精神谱系。学史崇德,很重要的一个方面就是要教育引导全党大力发扬红色传统、传承红色基因,从红色精神谱系中立心铸魂,从英雄人物身上体悟道德风范,从百年党史中汲取道德力量,做到明大德、守公德、严私德,鼓起迈进新征程、奋进新时代的精气神。

从百年党史中汲取"明大德"的力量

对于党员干部特别是领导干部来说,明大德,就是要铸牢理想信念、锤炼坚强党性,在大是大非面前旗帜鲜明,在风浪考验面前无所畏惧,在各种诱惑面前立场坚定。

在近代中国最危急的时刻,中国共产党人找到了马克思列宁主义,并坚持把马克思列宁主义同中国实际相结合,用马克思主义真理的力量激活了中华民族历经几千年创造的伟大文明,使中华文明再次迸发出强大精神力量。从百年党史中汲取"明大德"的力量,就是要教育引导全党从党的非凡历程中领会马克思主义是如何深刻改变中国、改变世界的,感悟马克思主义的真理力量和实践力量,深刻认识中国共产党为什么能、马克思主义为什么行、中国特色社会主义为什么好,始终坚定中国特色社会主义的道路自信、理论自信、制度自信、文化自信。

在党的历史上,遵义会议是一次具有伟大转折意义的重要会议。这次会议确立了毛泽东同志在党中央和红军的领导地位,开始确立了以毛泽东同志为主要代表的马克思主义正确路线在党中央的领导地位,开启了我们党独立自主解决中国革命实际问题的新阶段,在最危急关头挽救了党、挽救了红军、挽救了中国革命。从百年党史中汲取"明大德"的力量,就是要教育引导全党从党史中汲取正反两方面历史经验,坚定不移向党中央看齐,不断提高政治判断力、政治领悟力、政治执行力,切实增强"四个意识"、坚定"四个自信"、做到"两个维护",自觉在思想上政治上行动上同党中央保持高度一致,确保全党上下拧成一股绳,心往一处想、劲往一处使。

入党誓词要求"随时准备为党和人民牺牲一切"。在党的百年历史中，我们党遭遇过非常多的艰难险阻，经历过非常多的生死考验，付出过非常多的惨烈牺牲。可以说，世界上没有哪个政党像中国共产党这样，始终用鲜血和生命践行"为党和人民牺牲一切"的铮铮誓言。我们党之所以历经百年而风华正茂、饱经磨难而生生不息，就是因为具有这样一股革命加拼命的强大精神。从百年党史中汲取"明大德"的力量，就是要在应对各种困难挑战中，进一步发扬革命精神，始终保持艰苦奋斗的昂扬精神。

从百年党史中汲取"守公德"的力量

守公德，既指遵守社会公德，也包含有夙夜在公、胸怀天下之意。对于党员干部特别是领导干部来说，守公德，就是要强化宗旨意识，全心全意为人民服务，恪守立党为公、执政为民理念，自觉践行人民对美好生活的向往就是我们的奋斗目标的承诺，做到心底无私天地宽。

《共产党宣言》中提道："共产党人不是同其他工人政党相对立的一个特殊政党，他们并没有任何同整个无产阶级的利益不同的利益。"我们党来自于人民，党的根基和血脉在人民。习近平总书记强调："我们党的百年历史，就是一部践行党的初心使命的历史，就是一部党与人民心连心、同呼吸、共命运的历史。"新民主主义革命时期，党团结带领广大农民"打土豪、分田地"，实行"耕者有其田"，帮助穷苦人翻身得解放。新中国成立后，党团结带领人民推进社会主义建设，组织人民自力更生、发愤图强、重整山河，为摆脱贫困、改善人民生活打下了坚实基础。改革开放以来，党团结带领人民实施了大规模、有计划、有组织的扶贫开发，着力保障和改善民生，取得了前所未有的伟大成就。

从百年党史中汲取"守公德"的力量，就是要始终把人民放在心中最高位置，始终坚持以人民为中心的发展思想，深入了解群众安危冷暖，切实解决基层的困难事、群众的烦心事；就是要始终坚持一切为了人民、一切依靠人民，推动改革发展成果更多更公平惠及全体人民，让人民群众有更多的获得感、幸福感、安全感。

从百年党史中汲取"严私德"的力量

人无私德则不能立身，官无私德则不能为政。对于党员干部特别是领导干部来说，严私德，就是要严格约束自己的操守和行为，戒贪止欲、克己奉公，切实把人民赋予的权力用来造福于人民。

私德和公德密不可分，私德是领导干部政德的基础，也是起点。在百年党史中，我们可以看到，毛泽东、周恩来、朱德等老一辈革命家都高度重视家风。从一封封"红色家书"中，也可以感受到许多严私德、严修身、严家风的谆谆嘱托、殷殷希望，深刻体现了共产党员的自律精神。做到学史崇德，就应从百年党史中汲取"严私德"的力量，学习老一辈革命家淡泊名利的崇高境界、廉洁修身的道德操守，始终做到严私德、严修身、严家风。

党员干部做到严私德，要做到防微杜渐，从小事小节上加强自身修养，把家风建设摆在重要位置，从中华优秀传统文化中汲取道德营养。领导干部的家风，不仅关系自己的家庭，而且关系党风政风。习近平总书记强调，"每一位领导干部都要把家风建设摆在重要位置，廉洁修身、廉洁齐家，在管好自己的同时，严格要求配偶、子女和身边工作人员"。各级领导干部应继承和弘扬革命前辈的红色家风，严格要求亲属子女，过好亲情关，教育他们树立遵纪守法、艰苦朴素、自食其力的良好观念，明白见利忘义、贪赃枉法都是不道德的事情。如此，才能耐得住清贫寂寞、顶得住歪风邪气，始终保持高尚的道德情操和健康的生活情趣，在全面建设社会主义现代化国家新征程中建功立业，成就自己的多彩人生。

《经济日报》(2021年05月28日第06版)

崇尚共产党人的大德公德私德

李兆杰

中国共产党的百年历史是中国近现代以来历史最可歌可泣的篇章，是最生动、最有说服力的教科书，也是最好的清醒剂和营养剂。习近平总书记在党史学习教育动员大会上强调，"这次学习教育，总的来说就是要做到学史明理、学史增信、学史崇德、学史力行，教育引导全党同志学党史、悟思想、办实事、开新局。"认真学习领会这些重要论断，切实做到学史崇德，对于我们从党的百年历史中感受共产党人的政治品格和道德风范，赓续共产党人的精神血脉，鼓起迈进新征程、奋进新时代的精气神，具有十分重要的意义。

学史崇德是抵御"四种危险"的必然要求

国无德不兴，人无德不立。道德之于个人、之于国家，都具有基础性意义。习近平总书记指出，我们党的用人标准是德才兼备、以德为先，因为德是首要、是方向。一个人只有明大德、守公德、严私德，其才方能用得其所。党面临的"四种危险"是尖锐的、严峻的，我们要通过学习党的历史，坚守住共产党人的"德"，永葆共产党人的政治本色，把党和人民的事业更好推向前进。

五、新时代青年当争做崇德向善、严守纪律的模范

学史崇德有利于抵御精神懈怠的危险。习近平总书记指出,一百年来,在应对各种困难挑战中,我们党锤炼了不畏强敌、不惧风险、敢于斗争、勇于胜利的风骨和品质。这是我们党最鲜明的特质和特点。井冈山时期,国民党军队反复进攻和严密封锁,使军民面临的处境极为困难。就是在这样的条件下,我们党领导人民不畏强敌、不畏艰难,开辟了第一个农村革命根据地,取得了多次反"进剿"、反"会剿"的胜利。在中国革命即将取得全国胜利之际,毛泽东在党的七届二中全会上向全党郑重提出"两个务必"的重要论断,产生了深远的历史意义。现在,我国已经成为世界第二大经济体,各方面实力大大增强,生活条件大大改善。但是,我们党长期执政,党员干部中容易出现承平日久、精神懈怠的心态,会出现淡漠自力更生、艰苦奋斗这一重要传家宝的危险和可能。因此,要继承和发扬老一辈革命家"宜将剩勇追穷寇,不可沽名学霸王"的革命精神,继承和发扬共产党人"为有牺牲多壮志,敢教日月换新天"的奋斗精神,永葆党的先进性和纯洁性,以"赶考"的清醒和坚定答好新时代的答卷。

学史崇德有利于抵御能力不足的危险。习近平总书记指出,在干部干好工作所需的各种能力中,政治能力是第一位的。我们党历来注重从政治上建设党,提升干部政治能力。从古田会议毛泽东提出思想建党、政治建军原则,到1945年党的七大提出"首先着重在思想上、政治上进行建设,同时也在组织上进行建设";从新中国成立后毛泽东提出"政治工作是一切经济工作的生命线",到改革开放后邓小平同志强调"到什么时候都得讲政治",都充分表明:注重从政治上建设党是我们党不断发展壮大、从胜利走向胜利的重要保证。抵御政治能力不足的危险,必须从历史中汲取正反两方面经验教训,坚守马克思主义政党崇高的政治理想、高尚的政治追求、纯洁的政治品质、严

明的政治纪律，坚决纠正偏离和违背党的政治方向的行为，坚定不移沿着正确政治方向前进。

学史崇德有利于抵御脱离群众的危险。我们党来自人民、植根人民、服务人民，党的根基在人民、血脉在人民、力量在人民。习近平总书记强调，江山就是人民，人民就是江山。一百年来，我们党之所以得到人民拥护和支持，从根本上说，就是因为能始终代表中国最广大人民根本利益，坚持群众是真正的英雄，尊重人民首创精神，最广泛动员和组织人民投身到党领导的伟大事业中来。我们党领导人民打土豪、分田地，是为人民根本利益而斗争；领导人民开展抗日战争、赶走日本侵略者，是为人民根本利益而斗争；领导人民推翻蒋家王朝、建立新中国，是为人民根本利益而斗争；领导人民开展社会主义革命和建设、改变一穷二白的国家面貌，是为人民根本利益而斗争；领导人民实行改革开放、推进社会主义现代化，同样是为了人民根本利益而斗争。我们党的最大政治优势是密切联系群众，党执政后的最大危险是脱离群众。因此，在任何时候任何情况下，我们与人民同呼吸、共命运的立场不能变，全心全意为人民服务的根本宗旨不能忘，群众是真正英雄的历史唯物主义观点不能丢，必须始终坚持立党为公、执政为民。

学史崇德有利于抵御消极腐败的危险。习近平总书记指出，为政清廉才能取信于民，秉公用权才能赢得人心。早在1926年8月，中共中央扩大会议发出通告指出，对腐化分子混入党内的现象必须高度警惕，"应该很坚决的洗清这些不良分子，和这些不良倾向奋斗，才能坚固我们的营垒，才能树立党在群众中的威望"。新中国成立初期，我们党严肃查处了刘青山、张子善腐化堕落案件，教育了广大干部，在人民群众中树立了共产党人执法如山的形象。改革开放以来，党中央始终把党风廉政建设和反腐败斗争作为重要任务来抓，旗帜是鲜明的，措施是有力的，成效是明显的。特别是党的十八大以来，在以习近平同志为核心的党中央坚强领导下，各级党组织切实履行管党治党政治责任，推动反腐败斗争取得压倒性胜利并全面巩固，全面从严治党战略性成果日益显现，党内政治生态持续好转，群众对党风政风满意度稳步提升，党长期执政的政治基础更加稳固。尽管党风廉政建设和反腐败斗争取得了历史性成就，但形势依然严峻复杂。我们要以反腐败永远在路上的坚韧和执着，保证干部清正、政府清廉、政治清明，就要从党的历史中汲取道德建设的智慧。

从党的百年历史中赓续共产党人的精神血脉

中华民族在长期实践中培育和形成了独特的思想理念和道德规范。对先人传承下来的道德规范，中国共产党在去粗取精、去伪存真的基础上，采取兼收并蓄的态度，与共产主义思想结合起来，并在长期的革命、建设和改革实践中不断发扬光大，使"德"的内容更加丰富。做到学史崇德，可以从理想信念坚定的大德、执政为民的公德、严以律己的私德三个方面来把握。

从党的历史中体悟共产党人理想信念坚定的大德。习近平总书记指出，铸牢理想信念、锤炼坚强党性，在大是大非面前旗帜鲜明，在风浪考验面前无所畏惧，在各种诱惑面前立场坚定，这是领导干部首先要修好的"大德"。崇高的理想，坚定的信念，是中国共产党人的政治灵魂。中国共产党从成立之日起，就把共产主义确立为远大理想，始终团结带领中国人民朝着这个伟大理想前行。革命战争年代，共产党人随时面临生死考验，支撑他们视死如归、革命到底的是坚定的理想信念。一百年来，共产主义远大理想激励了一代又一代共产党人英勇奋斗，成千上万的烈士为了这个理想献出了宝贵生命。从1921年至1949年，仅有名可查的烈士就达370多万人，无名烈士难计其数。长征时期，在红一方面军二万五千里的征途上，平均每300米就有一名红军牺牲。1949年以来，仅军人就有30多万人牺牲。"砍头不要紧，只要主义真""敌人只能砍下我们的头颅，决不能动摇我们的信仰"。这些视死如归、大义凛然的誓言生动表达了共产党人对远大理想的坚贞。学史崇德，就要通过学习党的政治锻造史，筑牢信仰之基、把稳思想之舵、补足精神之钙，增强"四个意识"，坚定"四个自信"，做到"两个维护"，始终在思想上政治上行动上同以习近平同志为核心的党中央保持高度一致，自觉做共产主义远大理想和中国特色社会主义共同理想的坚定信仰者和忠实实践者，永葆对党的忠诚之心。

　　从党的历史中体悟共产党人执政为民的公德。习近平总书记指出，我们党的百年历史，就是一部践行党的初心使命的历史，就是一部党与人民心连心、同呼吸、共命运的历史。我们党从诞生那一天起，就同中国人民和中华民族的前途命运紧密联系在一起。从登上中国政治舞台的那一刻起，我们党就坚持马克思主义立场观点方法，始终不渝为中国人民谋幸福、为中华民族谋复兴。从此，中国人民开始从精神上由被动转为主动，中华民族开始艰难地但不可逆转地走向伟大复兴。一百年来，不管形势和任务如何变化，不管遇到什么样的惊涛骇浪，我们党都始终把握历史主动、锚定奋斗目标，沿着正确方向坚定前行。学史崇德，就要牢记党的初心使命，深化对党的性质宗旨的认识，永葆对人民的赤子之心，始终把人民放在心中最高位置、把人民对美好生活的向往作为奋斗目标，推动共同富裕取得更为明显的实质性进展，把14亿中国人民凝聚成推动中华民族伟大复兴的磅礴力量。

从党的历史中体悟共产党人严以律己的私德。习近平总书记指出，严私德，就是要严格约束自己的操守和行为。只要严以律己，守住做人、做事、用权、交友的底线，就能守住党和人民交给自己的政治责任，守住自己的政治生命线，守住正确的人生价值观。井冈山时期，按照规定夜晚办公可点三根灯芯，可毛泽东带头勤俭节约，只点一根灯芯，在昏暗的油灯下写出《中国的红色政权为什么能够存在？》《井冈山的斗争》等光辉著作。朱德同普通战士一起踏着崎岖山道挑粮上山，没有半点军长的架子。第五次反"围剿"失利后，江西省苏维埃政府主席刘启耀背着金条乞讨数年，历尽千辛万苦寻找党组织继续干革命，不动用分毫党的经费。这些故事都生动体现了共产党人严以律己的优秀品德。一百年来，共产党人始终做到严以律己，赢得了人民信任，得到了人民支持，创造了中华民族发展史、人类社会进步史上令人刮目相看的奇迹。学史崇德，就要通过学习党的自身建设史，坚持从小事小节上加强修养，从一点一滴中完善自己，慎独慎初慎微慎欲，培养和强化自我约束、自我控制的意识和能力，管好自己的生活圈、交往圈、娱乐圈，把好权力关、金钱关、美色关，始终做到"心不动于微利之诱，目不眩于五色之惑"，清清白白做人、干干净净做事、坦坦荡荡为官，永葆党的先进性和纯洁性。

切实把学史崇德的要求转化为实际行动

当前，我们党已经发展成为一个走过百年光辉历程、在最大的社会主义国家执政70多年、拥有9000多万党员的世界上最大的马克思主义执政党。中国共产党立志于中华民族千秋伟业，百年恰是风华正茂。面向新的征程，必须明大德、守公德、严私德，始终站在时代潮流最前列、站在攻坚克难最前沿、站在最广大人民之中。革命精神、光荣传统和优良作风、社会主义核心价值观、以爱国主义为核心的民族精神和以改革创新为核心的时代精神，都是共产党人"德"的集中体现。我们要继承这些宝贵精神财富，把党史的滋养转化为奋斗的行动自觉。

发扬革命精神。"人生天地间，长路有险夷。"在一百年的非凡奋斗历程中，一代又一代中国共产党人顽强拼搏、不懈奋斗，涌现了一大批视死如归的革命烈士、一大批顽强奋斗的英雄人物、一大批忘我奉献的先进模范，形成了井冈山精神、长征精神、遵义会议精神、延安精神、西柏坡精神、红岩精神、抗美援朝精神、"两弹一星"精神、特区精神、抗洪精神、抗震救灾精神、抗疫精神、脱贫攻坚精神等伟大精神，构筑起了中国共产党人的精神谱系。这些宝贵精神财富跨越时空、历久弥新，体现着党的坚定信念、根本宗旨、优良作风，凝聚着中国共产党人艰苦奋斗、牺牲奉献、开拓进取的伟大品格，深深融入我们党、国家、民族、人民的血脉之中，成为党和人民事业开拓前进的不竭动力。我们要继承和发扬革命精神，永远铭记为民族独立、人民解放抛头颅洒热血的革命先辈，永远保持革命者的大无畏奋斗精神，增强攻坚克难的锐气和斗志，使之转化为全面建设社会主义现代化国家、实现中华民族伟大复兴的强大力量。

发扬党的光荣传统和优良作风。习近平总书记指出，不论过去、现在还是将来，党的光荣传统和优良作风都是激励我们不畏艰难、勇往直前的宝贵精神财富。我们党团结带领人民取得了革命、建设、改革的伟大成就，很重要的一条就是我们党在长期实践中培育并坚持了一整套光荣传统和优良作风。对党忠诚、理论联系实际、密切联系群众、批评和自我批评、敢于斗争和善于斗争、艰苦奋斗等光荣传统和优良作风，是我们党区别于其他政党的显著标志。党要继续得到人民群众的衷心支持和拥护，就必须持之以恒发扬党的光荣传统和优良作风。当今世界，百年未有之大变局正加速演进，我国正处在实现中华民族伟大复兴的关键时期，全面建成小康社会取得伟大历史性成就，脱贫攻坚战取得全面胜利，全面建设社会主义现代化国家新征程顺利开启，同时在前进道路上仍面临着许多难关和挑战。风险越大、挑战越多、任务越重，越要加强党的作风建设，以好的作风振奋精神、激发斗志、树立形象、赢得民心。我们要立志做党的光荣传统和优良作风的忠实传人，不断增强意志力、坚忍力、自制力，在新时代全面建设社会主义现代化国家新征程中奋勇争先、建功立业，努力创造无愧于党、无愧于人民、无愧于时代的业绩。

培育和践行社会主义核心价值观。习近平总书记指出，核心价值观，承载着一个民族、一个国家的精神追求，体现着一个社会评判是非曲直的价值标准。富强、民主、文明、和谐，自由、平等、公正、法治，爱国、敬业、诚信、友善，传承着中华优秀传统文化的基因，寄托着近代以来中国人民上下求索、历经千辛万苦确立的理想和信念，也承载着我们每个人的美好愿景。建成富强民主文明和谐美丽的社会主义现代化强国，实现中华民族伟大复兴，是鸦片战争以来中国人民最伟大的梦想，是中华民族的最高利益和根本利益。这既是我们的目标，也是我们的责任。而社会主义核心价值观的这些重要要求，和建成富强民主文明和谐美丽的社会主义现代化强国要求是高度统一、互为条件的。我们要自觉培育和践行社会主义核心价值观，通过全体人民的努力和持之以恒的奋斗，把我们的国家建设得更加富强、更加民主、更加文明、更加和谐、更加美丽，让中华民族以更加自信、更加自强的姿态屹立于世界民族之林。

弘扬以爱国主义为核心的民族精神和以改革创新为核心的时代精神。习近平总书记指出，民族精神和时代精神是凝心聚力的兴国之魂、强国之魂。中国曾经是世界上的经济强国，后来在世界工业革命如火如荼、人类社会发生深刻变革的时期，中国丧失了与世界同进步的历史机遇，落到了被动挨打的境地。但是，中国人民从不屈服，不断奋起抗争，终于掌握了自己的命运，开始了建设自己国家的伟大进程，充分展示了以爱国主义为核心的伟大民族精神。改革开放以来，我们总结历史经验，不断艰辛探索，终于找到了实现中华民族伟大复兴的正确道路，取得了举世瞩目的成果，充分展示了以改革创新为核心的时代精神。爱国主义始终是把中华民族坚强团结在一起的精神力量，改革创新始终是鞭策我们在改革开放中与时俱进的精神力量。我们要在全党全社会大力弘扬以爱国主义为核心的民族精神和以改革创新为核心的时代精神，继承革命文化传统，坚持爱国、爱党、爱社会主义相统一，自觉培养爱国之情、砥砺强国之志，不断增强团结一心的精神纽带、自强不息的精神动力，永远朝气蓬勃地迈向未来。

《中国纪检监察报》（2021年04月08日第05版）

青年干部成长应把握"七倡七戒"

连峻峰

青年是整个社会力量中最积极、最有生气的力量,国家的希望在青年,民族的未来在青年。青年干部是干部队伍的生力军,在成长中应注重把握"七倡七戒"。

力倡志存高远,力戒急功近利。青年干部应自觉把自身的前途命运同国家和民族的前途命运紧密联系起来,努力追求有精神、有高度、有境界、有品味的人生。理想不是虚无缥缈的幻想,也不是漫无边际的空想,更不是自我设计的假想。正确把握理想与现实的关系,始终把事业放在心中最高位置,坚持事业至上、以事为先,保持高度的事业心、责任感,踏踏实实把当下的事情做好。防止功利思想袭扰,不搞人生设计和仕途规划,不谋求走捷径,更不患得患失,一门心思学知识、强本领、提素质,把一心一意干好工作作为自己的本分,把个人进步的问题交给组织,在成就事业中成就自己。

力倡苦练内功,力戒贪图安逸。现在的青年干部多是在改革开放后出生成长起来的,吃的苦头少,经受的磨砺少。要培养吃苦耐劳的品质,不贪图享受、不搞生活攀比,而是比工作、看差距,苦练内功,努力练就过硬本领。苦练政治能力,加强政治理论学习和政治历练,提升从政治高度看问题、想事情、作决策的能力,涵养对党忠诚的政治品格。苦练群众工作能力，厚植为民情怀，想群众之所想、急群众之所急，切实维护好群众利益。注重与基层群众沟通，积极宣传群众、发动群众，依靠群众的力量做好工作。苦练业务能力，刻苦学习专业知识，干一行钻一行专一行，努力成为行家里手。

力倡脚踏实地，力戒心浮气躁。青年干部要学会在成长中加强自我沉淀，防止遇事急躁、干事浮躁，着力培养严细深实的工作作风。坚持"严"字当头，对待工作态度严谨、标准严格、流程严密。坚持"细"字入手，树立"把每一件简单的小事做好就是不简单，把每一件平凡的小事做好就是不平凡"的理念，每一项工作都要从细节抓起，做到认真细致周全。坚持"深"字发力，对工作勤于思考，研究透政策、掌握透情况、分析透问题，强化规律性认识，增强工作的前瞻性针对性。坚持"实"字打底，说实话、办实事，出实招、求实效，坚持一切从实际出发，力戒形式主义、官僚主义。尤其要提高执行力，对决定的事项、部署的工作紧盯不放、一抓到底，确保事事有回音、件件有着落。

力倡创新求变，力戒守成守旧。青年干部思维活跃，接受新事物快，应破除不合时宜思想和条条框框束缚，加强创新能力培养。破除教条主义。注重把握环境和条件的变化，聚焦制约工作开展的体制机制障碍、推进落实中的中梗阻等问题，及时创新制度机制、方式方法、具体举措，以问题解决推动工作提升，使工作不断适应新形势新要求，而不能一味因循守旧、沿袭定式。破除经验主义。注重学习办事经验、社会经验，在实践中及时总结工作经验，在积累经验中加快成长进步，但不能事事凭经验，犯经验主义错误。用心研究工作、揣摩事情，形成自己的见解，防止唯经验，失去创新的意识和"冲动"。破除完美主义。创新不能贪大求全，好高骛远，追求高大上，只要有利于工作改进，再小的举措也是创新。多深入基层了解实际情况，掌握第一手资料，实事求是地研究提出解决问题的思路措施办法。

力倡崇德修身，力戒只"专"不"红"。青年干部要防止"业务一好百般皆好"的观点，加强品德修养，努力使自己成为一个素质全面、品德高尚的干部，在正己守道中行稳致远，夯实人生发展的根基。加强政治品德修养。树立正确的价值观、权力观、地位观、义利观，始终做到忠诚于党、忠诚于人民。加强职业道德修养。自觉加强担当品格和斗争精神的养成，对不正之风敢于斗争、敢于碰硬，决不妥协；对工作中遇到的困难矛盾和问题，甘于向前、甘于认领，决不推诿；对工作上的失误和不到位，勇于揽过、勇于担责，决不邀功。加强社会公德修养。把"单位人"和"社会人"的角色统一起来，做到"八小时以内"和"八小时之外"同样要求、一样自律。加强家庭美德修养。注重家庭家风家教建设，把尊老爱幼、勤俭持家、家庭和睦这些传统美德发扬好，努力使家庭成为事业发展的后盾和心灵休憩的港湾。

力倡虚心向学，力戒自命不凡。作为青年干部应加强自我修养，保持谦虚谨慎，低调做人做事，防止自满自大、自傲自负。向书本求教、向实践求教、向基层群众求教、向身边同事求教，特别是向老同志求教。工作中的经验做法，多源自基层干部群众的创新创造，主动拜群众为师，经常深入基层和群众中间寻找答案、总结经验。在对外交往中平等待人、尊重别人，多以商量的口吻待人接物，不能高人一等，更不能以势压人，不张扬、不浮夸、不炫耀、不轻狂，越是在别人敬畏的时候越要保持谦和，切实以高尚的品格、良好的修养赢得别人的认同和敬重。

力倡心存敬畏，力戒自由散漫。青年干部正处在人生起步的关键阶段、品格养成的关键时期，一定要扣好人生第一粒扣子，严守纪律规矩，严禁自由散漫，时刻保持敬畏之心，把牢底线。守住权力关。保持对权力的敬畏，明白权力是谁给的、用来干什么、不能做什么。尤其要事事沿着程序走、按照制度做，该请示的要请示、该报告的要报告，把权力关进制度的笼子，做到秉公执纪、依法用权。守住交往关。牢记人情之中有原则，交往之中有政治，把握好交往的尺度和分寸。多与积极向上、专心事业的人交朋友，多与基层党员干部交朋友，自觉净化社交圈、生活圈、朋友圈。守住亲情关。在亲情、友情面前始终把纪律规矩挺在前面、把党性原则挺在前面、把党的事业挺在前面，坚决不做触及底线的事情。

《学习时报》（2022年07月18日第02版）

青年楷模：张裕

"飞檐走壁"的快递英雄——快递小哥张裕

卸货、分拣、消毒——早上7点半，在湖北顺丰速运有限公司唐家墩营业点里，张裕开始了一天的忙碌。

因为年前一次"飞檐走壁"救人的经历，让他多了一些"快递小哥"以外的工作——每个月要参加几场公益活动。前不久，他还上了武汉市总工会的"劳模宣讲"直播。

今年36岁的张裕是一名退役军人和党员，2019年3月，他入职湖北顺丰武汉唐家墩营业点，当起了"快递小哥"。去年年底，他徒手爬墙救下一家三口的视频火了，成为网友口中的"快递英雄"。

去年12月10日，张裕在揽件途中遇到一户居民楼突发火灾，浓烟不断从阳台涌出。张裕挤进围观人群中，发现两名大人和一名大哭的孩子站在三楼阳台上等待救援。居民们拿来一张床单，试图在楼下接住3人。

"把孩子丢下来""物业去拿梯子了"……听到人群中嘈杂的建议，张裕等不及了，"把孩子扔下来太危险，拿梯子也还需要时间"。

张裕沿着一楼的窗户开始往上爬，踩着窗户边一指宽的边缘作为着力点。当他爬到二楼时，发现家中无人，但幸好阳台的窗户没有锁，他把窗户一拉，站在窗沿上，向三楼阳台伸出手。

"来，把孩子交给我！"张裕向三楼大喊。两名大人立马将小孩拎起悬空，向楼下送去。张裕一把揪住孩子的衣服，牢牢搂住孩子的身体，将其安全地送进了二楼屋内。

顾不上大哭的孩子，张裕大喊："踩在窗户上，可以下到二楼阳台。"孩子的爷爷背对着窗户，手扶窗沿，张裕用手托着他的一只脚，充当"人体阶梯"，成功将两名大人依次救下。随后，消防员迅速赶到现场处置。张裕沿着二楼阳台回到地面，在一阵"英雄"的欢呼声和竖起的大拇指中，张裕骑上电动车打算默默离开。

"英雄！你莫慌戴上口罩，让我们拍下英雄的脸！"几名居民拦下张裕，一位阿姨上前询问他的名字。张裕说："没有多大个事，叫我顺丰小哥就行。"

张裕骑上电动车，继续到附近单元楼收件。再次经过的时候，大火已经被扑灭。

"兄弟，你上抖音了。"有人认出了上午救人的张裕。

从下午开始，陆续有媒体给张裕打电话，刚开始张裕拒绝了采访，后来主管给他打电话，"网点全是记者，你赶紧回来"，并安排同事替他完成剩下的工作。

事后，张裕才发现左脚崴了，拇趾已经红肿。直到晚上10点回家后，他才简单涂上药。

湖北顺丰总部看到这则消息后，火线提拔他为当地业务部经理，并奖励他3万元。

家中失火的男主人也联系到张裕："要是没有你，后果真的不堪设想。"张裕谢绝了他当面感谢的请求："没有多大个事，人平安无事才是最宝贵的。"

"武汉市优秀消防志愿者"、武汉市"最美快递员"、江汉区"见义勇为先进个人"、武汉市"五一劳动奖章"、"荆楚楷模·最美退役军人"……他的荣誉接踵而至。

参加儿子就读学校的"国旗下讲话"活动，并进行消防知识科普时，儿子给了他一个大大的拥抱，"爸爸在我心中是一个超级大英雄"。

"我平时没时间看手机，没有太在意网上的评价，儿子的评价真的很高了。"张裕说，"有的爸爸当老板，有的坐办公室，我是骑电动车送快递的，很平凡的一个工作，现在也成了英雄了。"

张裕出生在军人家庭，太婆曾走过长征路，父亲1974年参军，张裕从小便对军营充满向往。2001年，张裕参军入伍，服役于武警江西总队直属第三支队。

服役期间，张裕练就了一身过硬的体能素质，军队的攀楼训练也在火灾中派上了大用场。退伍后，他在上海当过保安、在广东开过餐馆。为了孩子上学，他选择回到湖北。

"他是我们网点唯一的党员，平时也乐于助人。"同事张汉江说。平日里，张裕会帮老人搬重物，顺手将户主垃圾带走。他能记住哪户刚生了宝宝，总是轻轻地敲门，生怕吵醒午睡的孩子；他也能记住哪户几点下班，及时将包裹送到家。

在张裕日复一日的努力工作下，他所负责的小区保持零投诉零操作失误的优异成绩。在业务高峰期，张裕还常常帮助新员工，为他们分担工作，入职以来一直是网点的"标杆"。

"我们快递小哥每天风里来雨里去，只为多赚点钱，担起家庭重任。"因此，张裕一直是网点中最拼命的一个，节假日也很少休息。"假期工资多，可以多攒一些钱。"

"拿到沉甸甸的中国青年五四奖章，我很激动，也很幸福。"他表示不管岗位如何变化，自己都不会改变初心，"幸福的生活要靠我们勤劳的双手去创造，要踏实地干"。

（李云秀　朱娟娟　雷宇）

《中国青年报》（2022年05月20日第01版）

身边榜样：王丹阳

照亮梦想，做大山深处的微光

故事要从大学时我偶然参加的一场支教分享会说起。分享会上，我了解到支教工作的意义，被志愿者们无私奉献、不畏困难的精神深深吸引。于是，我立即报名加入大学生志愿服务西部计划。

初到重庆山区，考验迎面而来。宿舍旁边就是猪圈，一阵阵臭味萦绕不散，拇指大的蟑螂经常爬到身上。这让我不适，但更觉得心酸——这就是孩子们生活和学习的环境啊，我得帮他们改写人生。

最初走进教室，我发现有些孩子对学习缺乏兴趣。于是，我向他们介绍外面的世界，描绘我的家乡哈尔滨等地的美好景象，鼓励他们好好学习，走出大山感受精彩。慢慢地，孩子们听讲越来越认真，成绩也提高了。

很多孩子是留守儿童，缺少父母的关爱与管教，显得比较淘气、散漫。我注重从品德上引导他们，教给他们遵守纪律的重要性。我常给他们讲些生动的小故事，在他们深受触动时进一步启发："要学知识、守规矩、做好事、当好人。也许我们成为不了太阳，但我们要始终向着光。"

为了鼓励孩子们打开心扉与人交流，我做了一个心愿盒，让每个孩子写一张心愿条放进去。有张字条上写道："我10岁了，但家里穷，从来没吃过生日蛋糕。我只想过一次生日，吃一块生日蛋糕。"看完字条，我的眼睛湿润了。于是，我策划组织了一场为全校留守儿童过"集体生日"的活动，让他们都吃上蛋糕。那天，写字条的孩子跑过来抱着我说："丹阳姐姐，这是我最幸福最难忘的生日。你不光是我的姐姐，还是我的妈妈。"

刹那间，我意识到一个老师身上的责任。这群质朴的孩子如同白纸一般，虽然有时看似不太懂事，但一旦感受到温暖，内心的能量就会被激发。关键在于，我们如何去引导、去激励、去关爱，带领他们看到希望与未来。

《光明日报》（2022年05月16日第07版）